부를 부르는
50억독서법

대학 교수마저 그만두고 파이어족이 된 경영학 박사의

부를 부르는 50억 독서법

최성락 지음

월요일의꿈

나를 50억 원 파이어족으로 이끈
책 읽기의 힘

자기계발이나 투자, 처세 관련서는 결국 해당 분야에 대한 공부법이다. 그렇다면 그 공부법으로 저자가 어느 정도의 성적을 거뒀는지가 언급되어야 한다. 즉 그 공부법으로 저자 자신이 반에서, 전교에서, 아니면 전국에서 몇 등을 했는지 말해줘야 한다. 그래야 독자들이 그 공부법을 사용할지 말지, 시도해볼지 말지를 결정할 수 있다.

전교 10등 하는 학생이 전교 1, 2등을 하고 싶어서 더 나은 공부법을 찾고 있다고 하자. 이때는 전교 1, 2등 학생의 공부법이 필요하지 반에서 1, 2등 하는 공부법은 큰 의미가 없다.

마찬가지로 'SKY대'를 지원하려는 학생에게 단순히 전교 1, 2등 하는 공부법은 맞지 않다. 또 '인In서울' 대학을 원하는 학생에게 국제 올림피아드에서 수상할 수 있는 공부법이나 하버드대학에 입학할 수 있는 공부법도 적당하지 않다.

이제부터 독서, 즉 책 읽기에 관해 쓰려고 한다. 그럼 나는 책을 읽고 어떤 변화를 겪었을까. 독서를 통해 인생의 무엇이 어떻게 달라졌을까. 독서법 책까지 쓸 만큼 다른 사람들에게 내세울 수 있는 건 무엇일까.

첫째, 나는 얼마 전까지 교수였다. 30대 후반에 교수가 되었고 50대 초에 사표를 냈다. 교수의 삶은 쉽게 그려진다. 대학을 졸업하고 대학원을 다니면서 석·박사 학위를 취득했을 것이다. 과거라면 박사 학위를 받은 후 바로 교수가 되었을 수도 있고, 최근이라면 학위를 받고 연구원 등에서 몇 년 일하고 교수로 임용되었을 것이다.

교수로 임용된 다음의 삶도 마찬가지다. 강의하고, 논문을 쓰고, 프로젝트를 따서 진행한다. 물론 학교 행정 업무도 수행한다. 대학마다 차이는 있지만 다른 업종에서와 같은 큰 차이는 없다. 일반적으로 65세 정년까지 교수로 지내게 된다. 중간에 정치나 사업 같은 분야로 옮겨가는 사람도 있지만 이건 극소수다.

나 역시 특별한 일 없이 지냈다면 그렇게 살았을 것이다. 그런데 2010년 초부터 좀 달라졌다. 경제적으로 더 잘살고 싶어졌고, 그래서 본격적으로 투자 활동을 하기 시작했다. 2010년대 초 총순자산은 3억 원 정도였다. 이것이 2018년에 20억 원이, 2021년에는 50억 원이 되었다. 그리고 2021년 교수를 그만두고 파이어족이 되었다.

돈을 벌겠다는 사람은 교수가 되려 하지 않는다. 교수는 중산 층으로는 살 수 있지만, 부자가 되기는 힘든 직업이다. 나 역시 처음에는 돈을 벌겠다는 생각이 없었다. 돈을 벌겠다면서 대학 졸업 후 10년 넘는 시간을 석·박사 학위 과정을 밟고 교수에 지원할 수는 없다. 그런데 2010년경부터 변했다. 마흔이 넘어서 삶의 지향점도, 살아가는 방법도 바뀌었다.

이 변화가 좋은 건지 나쁜 건지에 대한 판단은 사람마다 다를 것이다. 순자산 50억 원을 만들어 파이어족이 되는 것보다 교수로 지내는 게 더 좋다고 생각하는 사람도 있을 것이다. 그런데 여기서 정말 중요한 것은 나이 마흔에 인생의 방향이 달라졌다는 점이다. 그리고 새로운 방향에서 원했던 것을 획득했다는 점이다.

마흔에 변화를 시도하고 그에 따른 긍정적인 결과를 얻어낼 수 있었던 건 무엇에서 비롯되었을까. 책 덕분이다. 지금까지와는 다르게 살아보자고 생각하게 된 것도 책 덕분이고 삶의 방향을 바꾼 것도 책 덕분이다. 투자 방법을 알려준 것도 책이고 실제 수익을 얻을 수 있었던 것도 책 덕분이다.

물론 사람들과의 만남 같은 책 외의 요소도 내게 영향을 주었을 것이다. 하지만 가장 중요한 요인은 '책 읽기'다. 책은 인생을 변하게 한다. 어려서만이 아니라 성인이 된 후에도 책은 사람의 인생을 바꾸는 힘이 있다.

둘째, 그동안 나는 꾸준히 책을 써왔다. 2013년에 첫 책을 낸 후 지금까지 15권을 출간했다. 그렇다고 베스트셀러가 있는 것도, 한 주제만 다룬 것도 아니다. 자기계발서도 있고 역사서·투자서·경제서도 있다. 물론 학술서도 있다. 스스로 생각해봐도 이렇게 왔다 갔다 하면서 책을 쓰는 건 곤란하다 할 정도로 주제가 다양하다. 하지만 긍정적으로 생각하면 다양한 주제로 책을 출간할 수 있을 만큼 콘텐츠를 확보하게 되었다.

다른 사람들에 비해 비범한 경험을 많이 해서일까. 교수의 삶은 다양한 경험의 여지를 주지 않는다. 이렇게 여러 방면에 관해 책을 쓸 수 있었던 건 역시 책 읽기 덕분이다. 나는 책을 많이 읽다가 책을 많이 쓰게 된 사람이다.

셋째, 지금은 연구 관련 일도 은퇴한 상태이지만 교수였을 때 나는 나름 전문가 대접을 받았다. 교수라고 해서 모두 전문가가 되는 건 아니다. 그가 전문가 대접을 받는지는 관련 분야의 사람이나 기관 등에서 자문받기 위해 그를 찾아오는가를 보면 된다.

정부나 업계에서 어떤 조언을 듣고자 할 때는 회의를 연다. 이때 해당 분야의 전문가라는 사람들을 부른다. 난 두 분야에서 이런 활동을 했다. 하나는 규제이고 또 하나는 사행 산업 관련이다.

이렇게 전문가로 활동하고, 책을 15권 출간하고, 투자 수익으로 순자산 50억 원을 만들어 직장을 그만둘 수 있었던 건 무엇 덕분일까. 학벌이 좋아서일까. 교수 임용은 학벌의 도움을 받았다고 할 수 있다. 그러나 투자로 돈을 버는 것, 책을 쓰는 것, 특정 분야에서 전문가로 활동하는 건 학벌과 관련이 없다.

이런 모든 활동은 독서를 통해 가능했다. 나는 대학 때부터 꾸준히 책을 읽어왔다. 배워서 얻으려고 독서를 했던 건 아니다. 좋게 말하면 교양을 위해, 나쁘게(?) 말하면 재미로 읽었다. 그러다가 책이 단순한 재밋거리가 아니라 실제 삶에서 효과를 낼 수 있음을 인지하게 된 것은 마흔이 되어서였다.

출판사 월요일의꿈에서 공부법, 자기를 변화시키는 방법에 관한 책을 제안했다. 나에게 공부법을 묻는다면 난 하나밖에 말할 게 없다. 책 읽기다. 학위를 받은 이후로 따로 공부한 것도 자격증을 딴 것도 없다. 누구에게 사사받은 건 더더욱 아니다.

내가 변화할 수 있었던 것, 그 변화에서 나름의 성과를 얻을 수 있었던 것은 모두 책 읽기 덕분이다. 독서는 나 자신을 바꿀 수 있는 최고의 방법이었다. 지금부터 그 이야기를 해보려 한다.

차례

3장 책을 읽으면 인생이 바뀌는가

7장   책 읽기에 대한 크고 작은 질문들

1장

책은 사고방식과 행동을 변화시킨다

1

돈키호테 효과,
책은 생각과 행동을 변화시킨다

돈키호테는 17세기 초 스페인 작가 미겔 데 세르반테스 사아베드라가 쓴 동명 소설의 주인공이다.

유럽에서 17세기는 중세가 지나고 근대로 들어선 때인데 돈키호테는 중세 기사처럼 갑옷을 입은 채 말을 타고 여행을 다닌다. 중세 기사들이 귀족 부인에게 충성하는 것처럼 '둘시네아'라는 여자에게 충성을 바친다. 기사로서 서훈을 받으려 하고 중세 기사처럼 모험하면서 악당과 괴물을 물리치려 한다. 그래서 돈키호테는 자기 생각에만 빠져 지내는 사람의 대명사처럼 여겨진다.

어쩌다 돈키호테는 스스로를 중세 기사로 생각하게 되었을까. 정신이 나갈 만큼 큰 충격을 경험한 것도, 선천적으로 환각을 일으키는 질병이 있었던 것도 아니다. (중세 기사 혼령에게) 빙의된 것도, 마음의 병을 앓은 것도 아니다. 돈키호테가 중세 기사처럼 생각하고 행동하게 된 이유는 간단하다. 중세 기사에 관한 책을 많이 읽었기 때문이다.

돈키호테는 몇 년간 중세 기사 관련 책만 읽다가 자기 자신을 중세 기사로 생각하게 되고, 살고 있는 사회도 중세 사회로 인식해 중세 기사로 살아가기 시작한다. 책에서 읽은 대로 생각하고 읽은 대로 행동에 옮긴 것이다.

돈키호테는 현실을 보지 못하고 책만 보는 사람에 대한 풍자이기도 하다. 책만 보면 현실을 직시하지 못하고 심지어 왜곡도 한다. 《돈키호테》는 그런 지식인을 풍자하는 소설로서도 큰 평가를 받는다. 《돈키호테》만큼 책을 많이 읽을 때 어떤 결과가 나타나는지 보여주는 책은 드물다. 한 분야의 책을 많이 읽으면 사고방식이 바뀌고 나아가 행동이 바뀜을 주인공 돈키호테는 우리에게 극명하게 보여준다.

책은 지식을 얻는 통로라고 생각한다. 하지만 지식 습득만이 목적이라면 현대 사회에서 인터넷 검색이 책보다 훨씬 빠르고 편리하다. 책의 주된 역할은 지식 전달이 아니다. 사고방식을 바꾸고 나아가 행동을 변화시키는 데 있다.

백과사전은 어느 시대나 지식의 집합체로서 인정받는다. 하지만 누구도 백과사전을 읽으라고 추천하지 않는다. 많은 기관에서 추천도서나 권장도서를 발표하지만, 백과사전을 추천하는 기관은 없다. 백과사전을 좋은 책이라고 인정하면서 추천하지 않는 이유는 무엇인가. 백과사전은 지식을 모아놓았을 뿐이어서 그렇다. 백과사전을 열심히 읽으면 지식은 늘지언정 사고방식이 변화지는 않는다. 책의 진정한 효과는 얻기 힘들다는 뜻이다.

조선 시대에는 《삼국지》나 《수호지》 등의 중국 고전은 금서였다. 백성이 유비, 관우, 장비, 제갈공명 등을 모르기를 원해서가 아니라 왕조에 대한 대항과 반란을 다룬 이 고전을 읽고 순종하던 백성의 행동이 변할까 두려워서다. 책이 백성의 사고방식과 행동을 바꿀 수 있음을 조선 왕조는 인식하고 있었다.

불행하게도 돈키호테는 책을 읽고 긍정적으로 변하지는 못했다. 근대 시대에 중세 기사처럼 생각하고 행동하는 괴상한 짓을 벌였지만 그를 보고 '책을 많이 읽으면 안 되겠구나', '책을 많이 읽으면 바보가 되는구나'라고 생각해서는 곤란하다.

만약 돈키호테가 사업가에 관한 책을 그만큼 읽었다면 사업가처럼 생각하고 행동했을 것이다. 사업을 일으키고 사업가로서 성공하려고 했을 것이다.

만약 돈키호테가 과학책이나 연구자, 정치가에 관한 책을 그렇게 읽었다면 중세 기사의 책을 읽고 중세 기사처럼 변했듯이 성공적인 과학자, 연구자, 정치가가 되었을 것이다.

사고방식과 행동 양식이 바뀌려면 책 몇 권 읽기로는 어림도 없다. 돈키호테는 책 몇 권을 읽고 중세 기사가 된 게 아니라 수년간 몇백 권을 읽고 나서야 중세 기사가 되었다. 우선은 중세 기사처럼 생각하게 되고 이후 어느 순간 밖으로 나가 중세 기사처럼 행동하기 시작했다. 이게 책을 많이 읽을 때의 효과다.

먼저 그 분야 사람으로서의 사고방식이 형성된다. 투자서를 많이 읽으면 어느 순간 투자자처럼 생각하게 된다. 어떤 것이 옳고 그른지, 의사결정에서 어떤 점을 고려해야 하는지 등 투자자의 사고방식으로 판단하게 된다. 투자자로서의 의식이 만들어지는 것이다.

투자자로서의 의식이 만들어진 후에도 투자서를 읽으면 의식과 사고방식을 넘어서 행동까지 하게 된다. 투자자로서 행동하기 시작하고 진정한 투자자가 된다.

투자 세계를 둘러보면 투자는 하는데 투자자의 사고방식은 없는 사람이 적지 않다. 사고방식은 저축제일주의인데 행동은 주식 투자를 하는 식이다. 이런 경우 투자를 해도 투자자로서 성공하기 힘들다. 특히 인터넷 지식으로 투자한다면 이런 현상이 잦다.

하지만 투자서를 다독하면 먼저 투자자로서의 의식이 만들어지고, 투자자로서의 사고방식을 가지고 투자 행동을 하게 된다. 이때 진짜 투자자가 된다.

책의 효능은 지식을 얻는 데 있지 않다. 사고방식을 바꾸고 나아가 행동까지 바꾸는 데 있다. 돈키호테는 책을 많이 읽을 때 사람이 어떻게 바뀔 수 있는지 잘 보여준다. 돈키호테의 문제는 책의 힘을 모른 채 시대와 맞지 않는 중세 기사에 관한 책만 읽었다는 데 있다.

책의 힘을 알고 자기가 원하는 분야의 책을 많이 읽으면 그 분야에서 달라진 자신의 모습을 만날 수 있을 것이다. 사고방식과 행동을 바꾸는 것, 그것이야말로 책의 진정한 효과다.

인터넷 검색과
책 읽기의 차이

중학생 때 《삼국지》, 《초한지》, 《열국지》, 《수호지》 등을 읽었다. 각각 5권짜리로 모두 20권이다. 중학교 3년간 이 20권만 읽었는데 한 번이 아니라 여러 번을 읽었다. 《삼국지》와 《열국지》는 5번을 넘게, 다른 책들도 최소 3번 이상은 읽었다. 고등학교 이후에는 이 책들을 읽지 않았다.

대학원생 때, 후배와 이야기를 하고 있었다.

"난 동양 고전은 별로 좋아하지 않아. 동양 고전을 보면 서로 이야기를 나눌 때 처음에 꼭 예를 들지. '누가 뭐라고 했다', '이전에 어떤 일이 있었다'라는 식으로 어떤 에피소드를 언급하고 그다음에 하고자 하는 말을 해. 한두 번은 그런가 보다 하는데 말할 때마다 그런 식이니까 좀 지겹다고 할까. 그래서 처음에 예를 들고 그다음에 말하는 거 별로 좋아하지 않아."

그런데 후배의 반응은 이랬다.

"어? 선배가 그래. 선배가 말할 때 항상 처음에 예를 들어."

내가 말할 때마다 항상 예를 든다니 깜짝 놀랐다. 돌이켜보니 그랬다. 이야기할 때 처음에 꼭 예를 드는 게 대화 습관이자 패턴이었다.

《삼국지》와 《열국지》 등 동양 고전소설은 처음에 예를 들면서 시작하는 것이 특징이다. 나는 그런 패턴을 좋아하지 않았다. 하지만 내가 좋아하고 싫어하고는 중요하지 않았다. 그 패턴에 영향을 받고 있었다. 그런 식으로 생각을 하고 또 그런 식으로 말을 하고 있었다.

그때 읽은 동양 고전소설들이 알게 모르게 나에게 영향을 끼치고 있었다. 단순히 지식 측면에서가 아니라 말하는 방법, 사고방식, 행동에도 말이다. 단지 내가 깨닫지 못하고 있었을 뿐이다.

예를 들면서 말하는 습관은 이 책들의 영향임을 부인할 수 없다. 이 책 외에는 말하기 전에 예시를 든다는 것에 대해 생각해본 적도 배운 적 없어서다. 이는 책이 단순히 지식이 아니라 사고방식과 행동에 영향을 끼침을 처음 느끼게 되는 사건이었다.

'독서 무용론'의 가장 강력한 주장 중 하나가 인터넷에 다 있는데 왜 책을 봐야 하느냐다. 네이버와 구글만 검색해도 찾고자 하는 정보와 자료를 찾을 수 있다. 그러니 일부러 책을 구해볼 필요가 없다. 책이라는 매체는 구시대의 유물이고 곧 사라질 것이라는 논리가 여기에서 나온다.

과연 인터넷 세상에서 책은 필요 없는 존재일까. 책을 자료와 정보라고만 생각하면 그럴 것이다. 실제로 영어사전, 국어사전, 백과사전 같은 자료와 정보를 모아놓은 책이 사라지는 추세다. 세계적으로 유명했던 《브리태니커 백과사전》이 출판되지 않는 것은 책의 몰락을 대변하는 사건으로 꼽힌다.

그러나 책은 사라지지 않을 것이다. 물론 독서 인구가 줄고 출간 부수와 판매 부수도 줄겠지만, 책과 책을 찾는 사람은 이어질 것이다. 책은 단순히 자료를 저장하고 찾기 위한 게 아니다.

책은 이야기이고 감정과 감동을 주는 드라마다. 나아가 책은 우리의 사고방식에 영향을 끼치는 매체이고 행동을 변화시키는 도구다. 책에서 자료를 찾고자 하는 수요는 줄어들 수 있지만, 재미와 감정을 느끼고 사고방식을 변화시키는 데 영향을 받고자 하는 수요는 이어질 것이다.

로마 시대의 카이사르를 알고 싶다고 하자. 인터넷을 검색하면 카이사르의 성장 과정과 공적 등에 대해 넘쳐흐르는 정보를 얻을 수 있다. 카이사르가 활동한 배경, 당대의 평가와 후세의 평가 자료도 얻을 수 있다. 인터넷 검색 결과만 읽어도 카이사르에 대해 많은 것을 알 수 있다. 카이사르에 대한 몇백 쪽짜리 책보다 더 많은 정보를 얻을 수도 있다.

카이사르를 다룬 유명한 책으로는 《로마인 이야기》 중 '율리우스 카이사르' 편(시리즈의 4~5권)이 있다. 그렇다면 시오노 나나미의 카이사르와 인터넷의 카이사르는 어떻게 다를까. 정보라면 인터넷에서 더 많은 자료를 얻을 수 있지만 시오노 나나미의 카이사르를 읽으면 카이사르에 대한 감정이 일어난다. 카이사르에게 매력을 느끼고 그를 좋아하게 되는 사람이 생긴다.

한편으로 카이사르는 교활한 사람이라고 생각하며 싫어하는 사람도 생긴다. 나아가 카이사르처럼 되고 싶다거나 카이사르처럼은 안 되겠다거나 이렇게 배신당할 수 있으니 조심해야겠다는 등의 생각이 일어난다.

인터넷에서 카이사르에 대한 정보를 모아봤자 그에 대한 감정은 잘 일지 않는다. 책은 카이사르에 대한 지식을 넓히는 걸 목적으로 하지 않는다. 그건 부차적인 것이다. 감정과 감동을 일으키는 것이 책(즉 저자)의 주된 목적이다.

해리 포터에 대한 정보를 인터넷에서 찾으면 《해리 포터》 시리즈를 읽은 사람만큼이나 관련 지식을 쌓을 수 있다. 하지만 해리 포터를 책으로 읽을 때의 감정, 즉 해리 포터가 겪는 어려움에 대한 아픔, 적들에 대한 미운 감정, 상황이 풀리지 않을 때의 안타까움, 책의 절정에서 그동안의 수수께끼가 한꺼번에 풀릴 때의 카타르시스 등은 느낄 수 없다. 이런 감정을 준다는 점에서 책이 중요하다. 해리 포터가 쓰는 마법의 종류 같은 것은 단순한 지식일 뿐이다.

이런 감정이 모이고 축적되면 사고방식에 영향을 끼친다. 책이 사람에게 크게 영향을 끼치는 건 이 점이다. 책은 사고방식을 바꾼다.

경제학 서적을 한두 권 읽으면 관련 지식은 늘지만, 경제학적 사고방식이 생기지는 않는다. 하지만 경제학 서적을 꾸준히 읽으면 어느 순간 경제학적 사고를 하게 된다. 비용과 효과를 비교하고 가격을 중요한 신호로 파악하게 된다. 물론 본인이 '사고방식이 바뀌는구나'라고 인식하지는 못한다. 몸이 바뀌는 것은 점검할 수 있지만, 마음이 바뀌는 것은 스스로 파악하기 힘들다.

책의 진정한 가치는 알고 지나가자. 책은 자료와 정보를 얻기 위한 수단이 아니다. 그건 인터넷 검색이 더 효과적이다. 책은 감정을 주고 나아가 사고방식을 바꾸고 행동에 영향을 준다. 이는 인터넷 검색으로는 할 수 없는 일이다. 책을 꾸준히 읽으면 마음의 구조, 사고방식, 행동이 바뀐다.

3

지식의 피라미드와
책 읽기

'지식의 피라미드'는 일반적으로 혼용해서 사용하는 지혜·지식·정보·데이터 등이 정확히 어떻게 다른지 구분한 것이다. 다음과 같이 정의할 수 있다.

지식의 피라미드 맨 아래에 '데이터'가 있다. 데이터는 단편적인 사실, 수치 그 자체다. '넷플릭스에서 어떤 드라마를 한다', '이 책의 가격은 2만 원이다', '기차가 10시에 출발한다' 같은 것이다.

'정보'는 데이터를 서로 연결해 의미를 부여하는 것이다. 'A피자는 1만 5000원', 'B피자는 1만 7000원'이다. 이 각각은 데이터다. 두 데이터가 서로 합쳐지면 'A피자가 B피자보다 싸다'라는 관계를 알게 된다. 이런 식으로 데이터에서 의미를 파악한 게 정보다.

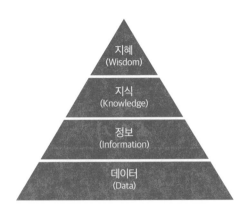

'지식'은 본인의 판단이나 의사결정에 영향을 끼치는 정보 수준이다. 'A피자가 B피자보다 싸다'라는 것이 정보라면 '그러니까 나는 A피자를 주문하겠다'라는 것이 지식이다. '나는 비싼 피자를 먹겠다. 그러니 B피자를 시키겠다'라고 마음먹어도 상관없다. 이런 식으로 정보가 내 의사결정에 영향을 끼치면 지식이 된다. 의사결정만이 아니라 예측도 지식이다. 'A피자가 B피자보다 싸니까 A피자가 더 많이 팔리겠구나'라고 예측하면 이건 지식이다.

'지혜'는 '가설-검증'을 하는 단계다. A피자가 싸다면 왜 싼지, B피자가 비싸면 왜 비싼지 그 이유를 설명할 수 있다. '왜 그럴까, 그 결과는 어떻게 될까'를 설명할 수 있다. A와 B 외에 다른 피자집에도 적용할 수 있는 일반 법칙의 아이디어를 생각하는 단계다.

'A는 재료를 중개상을 거치지 않고 원산지에서 구매해서 가격이 싸다'거나 'A는 저급 치즈를 쓰므로 가격이 싸다' 등으로 원인을 파악한다. 이를 통해 '원산지에서 구매해 싼 것이므로 앞으로

도 싼 가격을 유지할 수 있을 것이고 맛도 좋아 더 성장할 것이다'
아니면 '치즈가 저급이므로 지금은 가격이 싸서 많이 팔리지만,
앞으로도 좋을 거라고는 보장할 수 없겠다' 등의 예측을 할 수 있
게 된다.

데이터 → 정보 → 지식 → 지혜 단계에서 우리의 의사결정과
행동에 직접 영향을 끼치는 건 지식과 지혜다. 데이터와 정보가
많으면 박식한 사람이 된다. 하지만 거기까지다. 그 박식함은 의사
결정에 영향을 끼치지 못하고 행동도 변화시키지 못한다. 즉 실제
삶에 영향을 끼치지 못하는 것이다.

삶은 의사결정과 행동에 따라 결정된다. 100개의 데이터와 정
보를 가지고 있는 사람보다 10개의 지식과 지혜를 가진 사람이 더
나을 수밖에 없는 이유다.

우리는 행동을 한다. 이 행동은 지식과 지혜를 바탕으로 한 것
이다. 행동이 같다고 해서 그 사람의 지식과 지혜의 수준이 같은
건 아니다. 어떤 사람은 가격이 싸니까(지식) A피자를 산다. 또 어
떤 사람은 A의 재료가 가격에 비해 훌륭함을 파악하고, 품질 대
비 가격이 훌륭하다(지혜)는 이유로 A피자를 산다.

이 두 행동은 겉보기에 똑같지만, 내용을 들여다보면 다르다.
가격만 보는 사람은 저질 재료를 쓰고 서비스가 나빠도 A에 갈 것
이지만 가격이 싼 이유까지 보는 사람은 만약 A의 재료가 나빠지
면 싸더라도 그 가게를 더는 가지 않을 것이다.

우리는 지식과 지혜를 지향해야 한다. 그중에서도 지혜를 더

추구해야 한다. 지혜가 풍부해질 때 의사결정을 더 잘할 수 있고 행동도 개선할 수 있다. 데이터와 정보는 아무리 배워도 한계가 있다. 수천 개의 데이터와 정보를 습득해도 삶은 변하지 않는다. 지식이나 지혜를 얻어야 변화가 일어나는데 특히 지혜를 얻을 때 나아질 수 있다.

문제가 있다. 데이터와 정보를 얻는 방법은 모두가 안다. 많이 보고 읽고 경험하면 얻을 수 있다. 그런데 지식과 지혜, 그중에서도 지혜는 어떻게 해야 얻을 수 있을까.

지혜를 얻는 방법에는 2가지가 있다. 하나는 삶을 관찰하는 것이다. 세상에는 통찰력을 가진 사람들이 있다. 누군가에게 특별히 배우지 않아도 삶에서 스스로 지혜를 얻어내는 사람들이다. 정규 교육 과정을 제대로 거치지 못해 글은 잘 읽지 못하면서 훌륭한 일을 해낸 사람이 많다.

객관적으로 보면 무식한 사람이라 할 수 있지만, 그가 하는 이야기나 행동을 보면 누구보다 훌륭하다. 이런 사람은 스스로의 통찰력으로 지혜를 얻은 경우라 할 수 있다.

다른 하나는 책이다. 모든 책이 지혜를 담고 있지는 않다. 데이터와 정보만 담은 책도 부지기수다. 교과서, 수험서, 어린이 학습서 등은 데이터와 정보로 가득하다.

그러나 대부분 책은 지혜를 담고 있다. 지혜 수준에서 책을 서술하므로 책을 읽으면 저절로 지혜 수준을 접하게 된다. 책의 저자가 특별히 의도했다기보다는 책이라는 특징에서 비롯된다고 보는 게 맞다. 책은 어떤 매체보다 많은 내용을 담고 있다. 일반적으로 책은 한 주제에 대해 200페이지 이상의 분량을 다룬다.

200페이지가 넘는 책을 데이터로만 구성한다면 어떨까. 그건 책이라기보다는 자료집일 뿐이다. 자료를 수집하는 사람에게나 필요한 책이다. 정보와 지식 수준에서만 글을 쓰면 이렇다. 피자집 A는 가격이 싸다, 피자집 B는 맛이 있다…. 그런데 이런 이야기로는 아무리 써도 몇십 쪽을 넘기지 못한다.

지혜 수준에서 피자집 A의 가격에 대해 책을 쓰려면, A의 사장은 왜 저가 정책을 펴는지, 저가 정책을 펴기 위해 재료는 어떻게 조달하고 서비스를 어떻게 운영하는지, 저가 정책의 장단점은 무엇인지, 경영상 어떤 어려움을 겪고 있는지 등을 자세히 기술해야 한다. 즉 지혜 수준이어야만 책이 될 수 있다.

책을 읽으면 좋다는 것은 그 때문이다. 현대 사회에서 데이터와 정보는 어디서든 구할 수 있지만, 우리 행동을 변화시키지는 못한다. 행동을 변화시키는 데 필요한 것은 지혜인데, 지혜를 전달해줄 수 있는 매체는 거의 없다. 그중 하나가 책이다.

책은 지혜 수준의 앎을 우리에게 전해준다. 책 읽기가 우리 삶을 변화시킬 수 있는 이유다.

실패자 소진은
어떻게 6국의 정승이 되었을까

중국 춘추전국시대에 소진이라는 유명한 정치가가 있었다. 춘추시대에는 수백 개의 나라가 있었는데, 이들은 전국시대에 들어서면 진·제·한·위·조·초·연 등 7국으로 정리된다. 이 중에서 가장 강했던 진나라는 압도적인 전투력으로 나머지 6국을 괴롭혔다.

소진은 젊어서 귀곡자 밑에서 몇 년간 공부했다. 전국시대에는 유명인의 문하로 들어가 동료들과 함께 공부하는 '학원 시스템'이 있었다. 이후 소진은 각국을 돌아다니며 일자리를 얻으려고 한다. 제자백가는 각국의 왕과 재상을 찾아가 자기 소견과 주장을 펼쳤고, 거기서 받아들여지면 대부 자리를 얻을 수 있었다. 소진은 모든 나라를 돌아다니면서 자리를 찾았지만 실패했다. 소진을 써주는 곳이 없어서였다. 소진은 절망한 채 고향으로 돌아온다.

실의에 빠진 소진은 집에서 유야무야 지내다가 '귀곡자 학원'에 있을 때 배웠던 책들을 발견하게 된다. 그 책들을 다시 공부하면서 독심술과 관련된 《음부경》을 집중적으로 읽었다.

그렇게 1년을 보낸 후 이제는 사람을 설득할 수 있겠다는 자신감을 얻게 된다. 집을 나선 소진은 각국의 왕과 재상을 만났고 이번에는 대성공을 거둔다. 소진은 전국시대의 압도적 강국인 진나라에 대항해 나머지 6국이 서로 연합할 것을 주장했다. 그러고는 서로 믿지 못하는 6국 왕을 설득해서 동맹을 성사시킨다. 이 공로로 소진은 진나라를 제외한 6국의 정승이 되었다.

소진이 일반 유세가에서 유명 제자백가로 변신하게 된 계기는 집에서 다시 책에 몰두한 1년이었다. 여기서 우리는 책 읽기가 무언가를 성장시킬 계기가 된다는 것, 사람의 내부를 변화시킬 수 있음을 알 수 있다.

한두 권을 더 읽는다고 성장하지는 않는다. 하지만 1년 이상 책을 읽으면 무언가가 변한다. 성장, 즉 업그레이드된다. 소진은 귀곡자에게 배울 때와 같은 책을 읽었다. 지식 측면에서 증가한 건 없다는 뜻이다. 하지만 읽은 책도 다시 반복적으로 읽으면 사람을 변화시킨다. 사람을 설득할 수 없던 소진이 설득할 수 있는 소진으로 변한 것이다.

소진은 귀곡자 학원에 다닐 때도 《음부경》을 읽었다. 이때는 학교에서 시험공부 하듯이 점수를 얻기 위한, 즉 데이터와 정보를 얻기 위한 책 읽기였을 것이다. 실패하고 집에 돌아와 다시 그 책을 읽을 때는 데이터와 정보를 얻기 위한 목적이 아니었다.

몇 번 읽은 책을 다시 읽는 것이니 새로운 데이터와 정보가 생기지는 않는다. 대신 이때의 책 읽기는 지혜를 얻기 위함이었다. 지혜를 얻으면 행동이 달라진다. 소진은 그렇게 책 읽기를 통해 변하게 된다.

나는 어떤 것을 더 잘하는 데 책 읽기가 꼭 필요하다고는 생각지 않는다. 어떤 분야에 선천적인 소질이 있는 사람, 처음부터 잘하는 사람은 굳이 책이 필요 없다. 그런 사람은 특별히 책을 읽지 않아도 자기 분야에서 자리를 잡을 수 있다.

문제는 본인이 변하고자 할 때와 더 성장하고자 할 때다. 지금까지의 자기 자신에서 벗어나 달라지고 싶을 때, 스스로를 업그레이드하고 싶을 때다. 이런 문제 앞에 서면 '내일부터는 어떤 사람이 되어야겠다'라며 굳은 결심을 하게 된다. 이런 결심은 오래가지 못하고 효과가 없다. 소진이 '앞으로 설득을 잘하는 사람이 되어야지'라고 결심한다고 해서 변하는 건 아니다.

몸을 쓰는 스포츠나 악기 연주 같은 취미로 변화를 추구하는 것이 아닌 한 자기를 변화시키는 가장 효과적인 방법은 책 읽기다. 책을 꾸준히 읽으면 저절로 생각이 변한다. 자기도 모르는 사이에 변화가 일어난다. 책을 읽기 전에 이 책을 읽고 이렇게 변해야지 할 필요는 없다. 책을 읽다 보면 저절로 내면에서 변화가 일어나기 때문이다.

사람은 어른이 된 후로는 잘 변하지 않는다. 그런데 가끔 어른이 되고 나서 큰 변화를 겪는 사람이 있다. 물론 나쁜 쪽이 아니라 좋은 쪽으로 말이다. 이런 사람들의 주요 특징 중 하나가 책 읽기다.

안도 다다오는 세계적으로 유명한 건축가다. 그는 권투선수로 활약하다가 건축이 하고 싶어지자 그때부터 건축과 관련된 책을 읽었고 그러다 건축사무소를 내게 된다.

처음부터 건축의 길을 간 사람, 대학에서 건축을 전공하고 건축일을 한 사람은 학교와 회사(업무)에서 배우는 것만으로 충분할 수 있다. 그러니 굳이 책을 읽을 필요는 없다. 심지어 처음부터 그 분야에서 잘나가는 사람은 더욱 그럴 수 있다.

하지만 변하고자 하는 사람에게는 다르다. 자기 자신을 업그레이드하려는 사람, 특히 몸이나 기술이 아니라 자기 내면을 성장시키고 싶은 사람에게는 책이 다른 어떤 것보다 효과적이다.

정치인이 교도소에 갔다 온 후에 유명해지기도 한다. 넬슨 만델라는 젊어서 남아프리카공화국의 인종차별 정책에 반대하다가 투옥된다. 출소 후 대통령이 되는데 그렇고 그런 대통령이 아니라 남아프리카공화국의 인종차별 정책을 종식한 대통령이 되었고, 노벨평화상을 받게 된다.

만델라가 일개 정치인에서 세계적인 정치가 반열에 오르게 된 것은 책 읽기 덕분이다. 교도소에 가서 유명해진 것이 아니다. 남아프리카공화국에서 같은 이유로 투옥된 정치인은 아주 많다. 인종차별을 반대해서도 아니다. 인종차별을 반대한 사람 또한 많다. 교도소가 사람을 더 나은 사람으로 만들어주는 것도 아니다. 교도소가 그런 곳이라면 교도소에 갔다 온 사람 대부분은 보다 나은 사람이 되어야 한다. 실제로는 퇴소 이후 재투옥되는 사람이 적지 않다.

만델라와 그들의 차이점은 교도소에서 책을 꾸준히 읽었다는 점이다. 책을 많이 읽을 수 있는 곳이 교도소다. 만델라는 교도소에서 계속 책을 읽었고, 그곳에서 무언가가 업그레이드되었다.

우리나라에도 대표적인 사례가 있다. 김대중 대통령이다. 그도 교도소에서 책을 많이 읽었고, 출소 후 더 훌륭한 정치인으로 탈바꿈했다. 물론 그는 투옥 전에도 대통령 후보에 나올 정도로 유명 정치인이었지만 우리나라에서 유력한 대통령 후보로 나왔던 사람은 많다. 이후 재출마로 대통령이 된 사람도 있지만, 대부분은 소리 소문 없이 사라졌다.

정치인 김대중은 수감 생활을 하는 동안, 자택에 연금되어 있는 동안 책을 많이 읽었고 그때 무언가가 변했다. 그 변화는 반대자마저 지지자로 돌아서게 했고, 그는 노벨평화상을 받는 대한민국의 대통령이 되었다.

책을 많이 읽는 사람은 어른이 된 후에도 변한다. 단순히 마음만이 아니라 외면적으로도 드러나는 변화가 생긴다. 말과 행동의 변화, 그로 인한 자기 자신의 변화야말로 진정한 책의 힘이다.

하루 한 가지 새로운 경험하기와
책 읽기

한번 변해보자고, 다른 삶을 살아보자고 굳게 마음먹을 때가 있다. 신년 초만 되면 어제의 나와는 기필코 결별하겠다며 주먹을 불끈 쥐고 결심한다.

그런데 막상 지나보면 달라지지 않는다. 변하지 않는 이유는 간단하다. 작심삼일의 유혹에 사로잡혀서다. 이를 악물고 그 유혹을 이겨내더라도 한 달 정도 지나면 원상태로 되돌아간다. 굳은 결심을 유지하지 못하고 며칠, 몇 주, 몇 달 정도 지속하다가 멈추기에 변화가 생기지 않는다.

이렇듯 무언가를 꾸준히 하는 건 말처럼 쉽지 않다. 전념해서 하는 건 더욱 어렵고 몰입할 정도로 하는 건 더더욱 어렵다. 특히 어른이 된 이후로는 열심히 몰두하는 게 어려운 일이 된다.

나 역시 무언가를 열심히 해보자고 결심하고 시도해본 적이 적지 않다. 제대로 해서 변화를 끌어낸 적은 거의 없다. 늘 중간에 포기했고 흐지부지되어버렸다. 그래서 찾은 방법이 '조금씩 오래 하자'이다. '몰두하려고 하지 말고 기본만 하자. 다만 오래 하자. 그러면 달라질 수 있다'라고 생각을 바꾸었다.

이런 관점에서 보았을 때 변화를 끌어내는 가장 좋은 방법은 2가지다. 하루에 한 가지 새로운 경험하기와 하루 1시간씩 1년 이상 하기다.

하루에 한 가지씩이라도 새로운 것을 배우거나 알게 되면 그 사람은 성장할 수 있다. 하루에 10개씩 새로 배울 필요는 없다. 그게 가능하다면 좋겠지만, 하루에 10개씩 매일 새로운 것을 대하는 건 거의 불가능하다. 매일 새로운 것 하나씩만 알아도 충분하다. 하루 한 가지 새로운 것 얻기(경험하기), 이것이야말로 최고의 자기계발 방법이다.

그동안 몰랐던 새로운 것 하나를 알았다고 해서 인생이 바뀌지는 않는다. 10개를 더 안다고 해도 별반 다르지 않다. 그런데 몇백 개 이상 단위로 가면 다르다. 다른 사람과 몇백 개, 몇천 개 단위로 달라지면 이때부터는 차이가 생긴다. 아는 사람과 모르는 사람으로 나뉘는 것이다.

맛있는 음식점(맛집)을 예로 들어보자. 맛집을 누구는 열 군데를, 누구는 스무 군데를 알고 있다. 이 정도 차이로는 크게 차별화가 되지 않는다. 그런데 맛집을 몇백 군데 경험한 사람은 많지 않다. 이 정도로 알려면 전국 단위로, 한 마디로 차원이 달라져야 한다. 그는 전국의 주요 맛집을 알고 있을 뿐 아니라 음식을 종류별로 가격대별로 분류해서 추천할 수 있다. 맛집 몇천 군데를 알고 있는 사람은 그야말로 맛집 전문가가 된다. 이런 사람은 다른 사람과 차별화가 된다.

여기서 중요한 것은 재능이 아니다. 맛집을 많이 방문하면 된다. 다른 사람이 맛집 몇십 곳을 방문할 때, 나는 몇백 군데 몇천 곳을 방문하면 자연스럽게 맛집 전문가가 된다.

연구자는 한 분야의 논문 200편을 읽으면 그 분야의 연구 동향을 알 수 있다. 논문 200편을 읽으려면 하루 20편씩 10일간 또는 하루 10편씩 20일간 읽을 수 있다. 이런 식으로 읽으면 연구 동향을 빨리 파악할 수 있지만 현실적으로 하루에 10~20편의 논문을 매일 읽는 건 어렵다. 하지만 하루에 논문 1편을 읽는 건 어렵지 않다. 200일 동안 매일 논문 1편을 읽어도 연구 동향을 알 수 있다.

그렇게 열심히 하지 않아도 된다. 새로운 경험이나 지식을 하루에 하나씩만 새로 얻으면 된다. 1년이면 365개의, 10년이면 3650개의 새로운 지식과 경험이 생긴다. 그러면 다른 사람들과 다른 차별성을 얻을 수 있다. 이것이 내가 생각하는 최고의 자기계발법이다.

문제는 하루에 하나씩 새로운 경험이나 지식을 쌓기가 생각처럼 쉽지 않다는 점이다. 하루에 새로운 일을 하나 한다고 할 때 무엇을 하는 게 가장 효과적일까. 나에게는 여행이다. 특히 해외여행을 가면 하루에 몇십 개씩 새로운 것(경험)을 발견할 수 있다.

여행이 최고의 방법이기는 한데 이는 어쩌다 한번 가는 거지 매일 할 수 있는 일이 아니다. '하루 한 가지 새로운 것을 알자'에서 포인트는 '한 가지'가 아니라 '하루'에 있다. 매일 무언가 새로운 것을 알자는 게 포인트다. 그런 의미에서 여행으로 '하루 한 가지' 조건을 충족시키는 건 불가능하다.

여행 다음으로 좋은 방법은 '사람 만나기'다. 사람을 만나서 이야기를 나누다 보면 새로운 것을 알 수 있다. 다만 여기에는 조건이 붙는다. 매일 만나는 직장 동료, 오랫동안 만나온 친구, 얼굴을 늘 마주하는 가족이나 친지는 이런 '사람 만나기'에서 제외해야 한다. 새로운 사람을 만나거나, 알고 있는 사람이라면 오랜만에 만나야 한다. 그리고 대화를 나눠야 한다. 영업사원이나 정치인이라면 매일 새로운 사람을 만날 수 있다. 일반인에게는 어려운 일이지만.

비용 문제도 있다. 맛집은 집 주변만 다닐 때는 비용이 많이 들지 않지만, 동네를 벗어나 멀리 가면 교통비, 시간, 비용을 감당하기 어렵게 된다. 이렇듯 하루 한 가지 새로운 것을 하기는 생각만큼 쉽지 않다.

물론 TV나 유튜브, 인터넷 등을 통하면 하루 한 가지 새로운 것 만나기를 충분히 할 수 있다. 하지만 미안하게도 이런 매체들을 통한 새로운 만남은 이 미션에서 제외해야 한다. '하루 한 가지'는 뇌를 자극해야 한다. 그래야 효과가 있다. 새로운 것을 경험하면 뇌가 자극받는다. 이 자극을 계속 받으면 뇌가 활성화되고 그로 인해 사고방식과 행동이 변한다. 하루 한 가지 미션은 뇌를 끊임없이 자극하는 것이 주목적이다.

그런데 희한하게도 드라마나 유튜브 같은 영상을 볼 때는 새로운 것을 보고 듣는 것 같은데 인간의 뇌는 작동하지 않는다. 책을 읽을 때처럼 뇌가 움직이는 효과가 없다. 이는 영상물을 볼 때 뇌에 자극이 가지 않는다는 것이고, 즉 멍하니 있는 상태라는 것이다.

하루 한 가지 새로운 것을 얻기 위한 가장 쉬운 방법은 책 읽기다. 책을 읽으면 뇌가 움직인다. 독서는 시간과 장소의 구애를 받지 않는다. 비용도 여행이나 맛집 탐방 같은 활동에 비해 훨씬 적게 든다. 하루에 하나씩 새로운 활동을 하겠다면 한 달 정도는 모르겠지만 1년 이상 되면 새로운 활동 자체를 찾기 힘들어진다. 책은 그렇지 않다. 몇 년을 해도 새로운 것을 찾을 수 있다.

하루에 한 가지씩 새로운 지식이나 경험을 쌓는 것은 자기계발에 효과적인 방법이다. 그리고 하루 한 가지씩 새로운 것을 하기 위한 가장 쉬운 방법은 책 읽기다.

하루 1시간 1년 하기와
책 읽기

앞에서 이렇게 하면 실력이 오른다고 인정하는 2가지가 있다고 했다. 하루에 한 가지 새로운 경험 쌓기와 하루에 1시간씩 1년 이상 하기다. 전자는 매일 새로운 것을 하는 것이지만 후자는 매일 같은 것을 꾸준히 하는 것이다.

하루 1시간 1년 이상 하기는 큰 효과를 얻을 수 있다. 무엇을 하든 하루 1시간씩 1년 이상을 하면 달라진 자신을 발견할 수 있다. 그것이 영어든 피아노든 펜싱이든 상관없다. 무엇이든 하루 1시간씩 1년을 하면 다른 사람들이 따라올 수 없는 실력을 갖출 수 있다.

하루 1시간 1년이면 365시간을 한다는 뜻이다. 그렇다면 하루

10시간씩 37일이면 된다. 하루 1시간 1년 하는 것보다 한 달 동안 하루 10시간씩 집중적으로 하면 더 좋지 않을까. 희한하게도 그렇게 되지 않는다. 한 달 동안 하루 10시간씩 하면 달라진다. 그 후 열한 달을 아무것도 하지 않으면 실력은 거의 제자리임을 알게 될 것이다. 물론 열두 달 동안 아무것도 안 한 것보다는 나을 것이다.

하지만 한 달 열심히 하고 열한 달을 아무것도 안 하는 것보다는 하루 1시간씩 열두 달을 하는 게 실력 쌓기에 더 좋다. 하루 1시간씩 1년을 하는 것과 하루 10시간씩 한 달을 하는 것 중에서 하루 10시간 한 달 하는 게 더 어렵다. 하루 10시간이라는 시간을 만드는 게 어렵다. 직장인은 물론 학생도 학기 중에는 불가능하다. 하루 10시간 동안 무언가를 한다는 건 프로 아니면 수험생만이 가질 수 있는 '특권'이다.

설사 하루 10시간을 낼 수 있다고 해도 그 10시간 동안 집중한다는 건 더 어렵다. 정신력은 물론이고 체력도 버티지 못한다. 젊은 한때는 가능할 수 있어도 나이 들어서는 몸에 무리가 온다. 인생을 거는 일이 아니라면 그렇게까지 할 필요는 없지 않을까.

난 책을 읽으면 달라질 수 있다고 했다. 그러면 책을 얼마나 읽어야 변화가 생길까. 10권? 아니면 20권? 권수는 중요하지 않다. 시간이 중요하다. 독서의 효과를 보려면 최소한 하루 1시간, 1년은 읽어야 한다. 그렇게 하면 1년 후에 달라진 자신을 느낄 수 있다. 그사이에는 큰 변화를 느끼지 못할 수 있지만 1년이 지난 후에 생각이나 사고방식, 지식 측면에서 달라졌음을 느끼게 된다.

물론 하루 1시간 이상씩 매일 읽어온 사람이라면 그 변화를 조금 더 빠르게 느낄 수 있다. 하루 1시간 이하의 시간을 읽어왔다면 아직 책으로 인한 변화는 느끼지 못할 것이다. 어쩌다 좋은 책 덕분에 감동을 받고 지식도 얻을 수는 있지만 어디까지나 감동과 지식일 뿐이다. 드라마나 영화를 볼 때 얻는 감동이나 지식과 차이가 없다. 책을 통한 변화는 다른 유의 것이다. 이 변화를 스스로 인지하려면 하루 1시간씩 1년은 필요하다.

혹자는 책을 읽는다고 변하겠냐고 반문할지 모른다. 예를 들어 하루 1시간씩 태권도를 1년간 하면 어떻게 될까. 태권도 입문자가 하루 1시간 1년간 태권도를 배우면 1단을 딸 수 있다. 유도든 검도든 합기도든 하루 1시간 1년을 하면 1단이 된다. 물론 1단이 태권도의 고수라고 할 수는 없지만, 일반인보다 월등한 실력을 갖추었음은 분명하다. 태권도를 하지 않은 사람과 비교하면 다르다.

하루 1시간씩 1년간 헬스클럽에서 운동하면 몸에 근육이 붙고, 지방이 없어지고, 체력이 좋아진다. 1년 정도 매일 헬스클럽을 다니면 주위의 누구든지 그의 몸의 변화를 눈치채게 된다. 물론 매일 만나는 사람은 모를 수 있지만 오랜만에 만나는 사람은 그 변화를 알 수 있다.

몸의 변화는 알기 쉽지만, 마음의 변화는 알기 힘들다. 자기 자신마저 알기 힘든데 주변 사람은 어떨까. 하지만 몸이 변하는 것처럼 마음도 달라진다. 책 읽기는 마음을 변화시키는 훈련법이다. 책을 하루 1시간씩 1년 동안 읽으면 운동으로 몸이 달라지는 것만큼 마음과 생각, 사고방식이 달라진다. 이는 '그동안 책을 읽어서 내가 이렇게 변했구나'라고 스스로 느낄 수 있을 만큼의 변화다.

검도와 태권도는 하루 1시간씩 1년을 하면 1단이 되고, 2년을 하면 2단이 된다. 책 읽기도 이런 식의 변화라고 생각하면 된다. 하루 1시간씩 1년간 책을 읽으면 1단 수준이, 2년간 읽으면 2단 수준이 된다. 그 정도가 되면 외면적인 변화, 스스로 돌아봤을 때도 느낄 수 있는 어떤 변화가 생긴다.

2장

책은 나를
어떻게 변화시켰는가

1

책은 나를 어떻게 변화시켰는가 ①
자기계발서의 힘을 알게 되다

과거를 돌아본다. 지금의 내가 만들어지는 데 영향을 끼친 일은 무엇일까. 내 성격과 마음의 색깔을 만드는 데 가장 영향을 끼친 건 가정환경인 것 같다. 학교와 친구도 빼놓을 수 없다. 그런데 지금 내가 투자 수익을 얻고 파이어족으로 살게 된 경제적 상황, 책과 논문을 쓰고 이와 관련된 활동을 하게 된 건 책의 영향이다.

가정환경, 학교, 친구는 노력한다고 달라지는 게 아니다. 물론 어른이 되고서는 이런 것들도 자기 선택과 노력으로 바꿀 수 있을 것이다. 하지만 한 개인에게 심대한 영향을 끼치는 시기의 가정환경, 학교, 친구는 나의 의지와 상관없이 정해지기 마련이다. 즉 어른이 되고 나서 내 의지로 스스로를 변화시키게 된 계기는 책 때문이라는 말이다. 책이 나를 바꿀 수 있으리라 처음부터 기대했던 건 아니다. 책이 사람을 변화시키는 힘이 있음을 알게 된 것은 마흔이 되어서였다.

나는 초·중·고등학교 때도 책을 읽기는 했지만, 대학 이후부터 본격적으로 읽었다. 도움을 얻기 위해 책을 읽은 건 아니다. 중·고등학생 때는 책이 성적에 도움이 될 수 있다. 배우는 과목이 워낙 많으니 다양한 책을 읽으면 문제 푸는 데 도움이 되기도 하지만 대학은 배우는 게 전공과목으로 한정된다. 전공 관련 책을 읽는다면 모를까 다른 분야의 책을 읽는 게 전공 공부에 무슨 도움이 되겠는가. 취업 공부에도 책 읽기는 큰 도움이 되지 않는다.

내가 책을 읽은 이유는 재미가 있어서지 배우려는 의도는 아니었다. 책을 읽으면 삶이 나아질 거라고도 생각하지 않았다. 삶에 도움이 되려면 영어책이나 수험서, 전공 서적을 봐야 했다. 그 밖의 다른 책을 읽는 건 쓸데없는 일이다.

대학원생 때도 항상 딴 책을 들고 다니는 나에 대한 평가는 책을 좋아한다는 것이었지 공부를 좋아한다는 것은 아니었다. 모르는 사람은 책 읽기와 공부가 같다고 생각할 수 있다. 그러나 이 둘은 전혀 다르다. 책 읽기는 공부가 아니다.

나는 책 읽기가 나를 망친다고까지 생각했다. 나만 그렇게 생각한 게 아니다. 집에서도 독서가 방해된다고 생각했다. 이유는 간단하다. 책을 읽느라 정작 해야 할 공부는 하지 않았기 때문이다.

대학생 때는 자격증 시험을 보든 토익·토플 같은 영어 시험을 보든 미래를 위한 시험 준비를 하기 마련이다. 또 높은 학점을 받기 위해 학과 공부도 해야 한다. 나도 이런 시험들을 준비했다. 자격증 공부도 했고 공무원 시험 준비도 했다. 토익 시험도 봐왔다. 이런 시험에서 만족할 만한 결과를 얻으려면 공부를 열심히 해야 한다. 하루 1~2시간 투자해서는 어림없다. 못해도 하루 5시간 이상은 해야 한다.

그런데 어떤 시험공부도 하루 5시간 이상을 투자할 수 없었다. 딴짓을 많이 했는데 그중에서도 책 읽기에 많은 시간을 썼다. 대학생 때는 일주일에 1권, 대학원생 때는 일주일에 2권을 읽었는데 이는 하루에 2시간 이상 읽어야 가능한 분량이었다.

하루에 공부할 수 있는 시간은 정해져 있다. 그 시간에서 하루 2시간 이상을 책 읽기에 쏟아붓고 나면 공부할 시간은 줄어든다. 하루 2~3시간은 공부할 수 있지만, 그 정도 공부만으로는 중요한 자격증 시험이나 임용 시험에 합격하는 건 무리다.

책상에 앉아 있을 수 있는 시간은 한정되어 있는데 그 시간 중에서 몇 시간씩 다른 책을 읽는 데 썼다. 그래서 책이 나를 망치고 있다고 생각하고 책 읽기를 그만둬야겠다고 결심한 적도 많다. 책을 읽지 않기로 하고 일주일 정도는 괜찮았다. 하지만 그다음 주에 책을 잡으면 이전에 밀린 양까지 읽어버렸다.

다이어트를 하다가 먹으면 이전보다 더 먹게 되는 것처럼 책을 읽지 않다가 읽게 되면 오히려 전보다 더 많이 읽었다. 한마디로 책 중독이었다. 뭐든지 중독은 좋은 게 아니다. 책을 많이 읽는 것도 좋은 게 아니다. 그렇게 책 때문에 시간을 흘려보냈다.

지금 돌아봐도 충격적인 사건은 행정고시 2차 시험을 볼 때 일어났다. 하루 한두 과목씩, 한 과목당 2시간씩 일곱 과목 시험을 5일간 봐야 했다. 나는 매일 읽은 책을 메모한다. 대학 이후 언제 어떤 책을 읽었는지 지금도 생활 메모장에 적고 있다.

그런데 행정고시 2차 시험 기간에도 무려 4권을 읽었다고 메모해놓았다. 오후 4시에 시험이 끝나고 다음 날 시험 준비를 한 게 아니라 다른 책을 읽었다는 뜻이다. 내일이 시험이니 시험공부를 하기는 했을 것이다. 그런데 먼저 다른 책을 읽고 나서야 다음날 시험을 준비했다.

시험 전날에도 다른 책을 읽었다는 건 내가 합격에 목말라하지 않았음을 말해주기도 한다. 당시 내 수험 생활에 책 읽기는 도움은커녕 오히려 앞길을 막는 장애물일 뿐이었다.

책 읽기가 단순한 취미가 아니라 사람을 변화시키는 큰 힘임을 알게 되었을 때 나는 대학교수로 재직 중이었다. 물론 전공 책을 읽고 논문을 읽고 쓰면서도 다른 책을 읽고 있었다.

나는 책의 장르를 가리지 않는다. 읽고 싶은 책은 모조리 읽는다. 그러다 보니 전공과 상관없는 책, 별 필요가 없다고 생각되는 책도 많이 읽는다. 그런 분야 중 하나가 자기계발서였다.

자기계발서를 읽는 이유는 분명했다. 다른 어떤 분야보다 대부분의 자기계발서는 어려운 이야기 없이 술술 읽힌다. 그래서 읽는 시간도 짧다. 쪽수가 다른 책과 비슷해도 빨리 읽을 수 있다. 나쁘게 말하면 그만큼 질이 떨어진다는 뜻이다.

자기계발서는 깊이가 없고 다른 책에서 언급한 내용을 되풀이하는 일이 잦다. 어려운 책을 읽다가 머리가 아프고 진도가 나가지 않을 때 심심풀이로 읽기 딱 좋다.

아이러니하게도 책의 힘을 처음 깨닫게 해준 건 자기계발서였다. 책이 사람을 변화시킬 수 있다는 것, 책의 내용이 삶을 바꾸는 지침이 될 수 있다는 것, 책으로 인해 인생이 바뀔 수 있음을 자기계발서를 통해 실감하게 되었다.

누구나 훌륭하다고 하는 고전이나 인류 지식의 보고라는 양서에서는 책의 힘을 느끼지 못했다. 많은 사람에게 '이게 과연 가치 있는 책인가'라고 비판받는 자기계발서를 통해 나는 책의 힘을 처음 알게 된다.

책은 나를 어떻게 변화시켰는가 ②
벤츠를 살 수 있게 해준 자기계발서

틈틈이 자기계발서를 읽었지만, 딱히 이 책을 읽고 나 자신을 발전시켜야겠다고 생각한 적은 없었다. 나는 서울대 출신에 박사 학위도 받았고 교수까지 되었다. 그런데 무슨 자기계발을 할 게 있겠나. 더 훌륭한 교수가 되려면 더 좋은 논문을 쓰면 된다. 동료 교수와 좋은 관계를 유지하고, 강의를 잘하고, 학교 업무와 프로젝트를 잘하면 된다. 어떻게 해야 좋아질지는 충분히 잘 알고 있었다. 어떻게 하면 좋을지 몰라서 자기계발서를 읽고 고민할 필요는 없었다.

사회과학 분야에서는 다른 책은 몰라도 최소한 자기계발서는 무시한다. 사회과학에서 사람에게 영향을 끼치는 요소가 무엇이라고 보는지 한번 살펴보라. 어떤 사회에서 태어나서 자랐는가, 어떤 부모를 만났는가, 본인의 성격이나 재능이 어떠한가, 친구가 어떤 사람들인가, 어떤 교육을 받았는가 등에 따라 사람의 삶이 정해진다고 본다. 본인이 이렇게 살아야지 결심하고 노력한다고 해서 큰 변화가 생기는 것은 아니라고 본다.

그런데 자기계발서는 그가 살아온 주변 환경은 상관하지 않고 본인의 노력 여하에 따라 삶이 달라진다고 주장한다. 사회과학에서는 자기계발서를 무시할 수밖에 없다. 학계에서 자기계발서는 책을 팔기 위한 상술에 불과할 뿐이지 그걸 읽는다고 인생이 바뀐다고 생각하지 않는다. 생각해보라. 자기계발서 몇 권 읽고 사람이 달라질 수 있다면 왜 사람들이 고생하며 살겠는가. 사람이 바뀌는 건 쉬운 일이 아니지 않은가.

자기계발서의 가치를 인정하지 않으면서도 내가 계속 읽은 건 간단히 읽을 수 있었기 때문이다. 논문이나 학술서, 일반 책 중에서도 두껍고 어려운 책을 집어 들면 머리가 아파온다. 머리가 쉴 수 있는 다른 읽을거리가 필요했고, 그래서 자기계발서를 읽었다. 책장을 휙휙 넘기며 책 한 권 읽었다는 충만감을 느낄 수 있었다.

자기계발서를 쌓아두고 본격적으로 읽은 것도 아니다. 다른 책을 읽다가 로테이션식으로 가끔 읽었다. 이때는 하루에 1권 정도의 책을 읽었다. 10권 읽을 때 자기계발서를 1권 정도 읽었으니 한 달이면 3권쯤 된다. 이 흐름으로라면 1년에 36권, 3년에 100권을 읽게 된다. 그렇게 자기계발서를 읽어왔다.

자기계발서는 읽으면 읽을수록 내용이 비슷하다. 자기계발서 작가들이 스스로 주제를 발굴하기보다는 서로 다른 책을 참고하다 보니 똑같은 사례도 수두룩하다.

자기계발서의 내용은 천편일률적이었다. 대표 메시지는 이런 것들이다. 가능하면 숫자로 목표를 세울 것, 목표를 글로 쓰거나 사진으로 만들어 항상 주위에 둘 것, 목표를 항상 의식하고 상기할 것, 실패해도 노력할 것 등이다. 새로운 것은 없었고 이전부터 들어온 메시지들이다. 그렇게 자기계발서를 읽으면서도 그 내용대로 구체적이고 수치로 표현되는 목표를 세우거나 적어둔 적은 없었다. 나에게는 그 또한 책일 뿐이었다.

그런데 자기계발서를 읽다가 어느 순간 이런 생각이 떠올랐다.

'자기계발서가 하라는 대로 한번 해볼까!'

언제 그랬는지, 왜 갑자기 이런 생각을 했는지도 모르겠다. 나는 그날그날의 일을 메모식으로 기록하는데 큰 감동이나 깨달음을 얻게 되면 그것도 기록한다. 그런데 '자기계발서에서 하라는 대로 한번 해볼까!'라는 건 기록하지 않았다. 이 생각이 큰 깨달음으로 온 게 아니라 스치듯 지나가는 생각이었다는 뜻이다.

그때까지 자기계발서를 읽으면서도 책에서 하라는 대로 해보자는 생각을 한 적은 없었다. 논문이나 학술서라면 모를까 일반 책을 읽어서 내 삶이 더 나아질까. 책은 시간과 에너지를 갉아먹는 존재일 뿐 나 자신을 변화시키는 동력은 아니었다.

'책에서 하라는 대로 해볼까'라는 생각이 들고 나서 자기계발서에 쓰인 대로 해보았다. 목표부터 세웠다. 그 목표를 글로 썼고 매일 목표를 바라보고 상기했다. 이때 쓴 목표는 별다른 게 아니었다. '벤츠를 타자'였다. 당시 교수 월급으로 벤츠를 사는 건 무리였다. 고참 교수가 된다면 모를까 신임 교수 연봉으로는 어림도 없었다.

자동차에 대한 로망이 있는 사람이라면 벤츠나 고급 스포츠카를 한 번쯤 꿈꿨을 것이다. 지금은 수입차를 거리에서 쉽게 볼 수 있지만 당시만 해도 수입차 판매 비율이 5% 정도였다. 그래서 꿈은 꿔보지만 불가능하다고 생각하는 것 중 하나였던 '벤츠 구매'를 목표로 썼다. 몇십 억 몇백 억의 재산을 목표로 하지는 않았다. 그건 불가능하다고 생각했다.

자기계발서에서 하라는 대로 목표를 정하고, 그 목표를 종이에 쓰고, 벤츠 사진을 구해 매일 볼 수 있는 곳에 붙여놓았다. 그렇게 하면서도 벤츠를 탈 수 있다고 진심으로 생각하지 않았다. 그런다고 월급이 오르는 건 아니지 않은가. 교수 월급은 호봉제식으로 매년 조금씩 오르지 몇 년 사이에 50%, 100% 같은 식으로 오르지 않는다. 또 이런다고 복권에 당첨될 리도 만무하다. 벤츠를 타는 내 모습은 여전히 상상할 수 없었다.

그런데 달라지는 게 있었다. 이전에는 벤츠를 사고 싶다거나 타고 싶다는 생각뿐이었다. 하지만 매일 종이에 쓴 목표와 벤츠 사진을 들여다보니 어느 순간 생각이 달라졌다.

'어떻게 하면 벤츠를 살 수 있을까?'

이전에는 벤츠를 사고 싶다는 생각뿐이었다. 이제는 어떻게 하면 살 수 있을까를 궁리하게 되었다. 질문이 바뀌면 생각도 달라진다. 이때부터는 벤츠를 살 방법을 고민하게 된다. 돈부터 모아야 한다. 저축만으로는 오래 걸리니 더 많은 돈을 모을 수 있는 투자 방법을 찾고 또 실제로 투자해야 한다.

지금 받는 월급만으로는 벤츠를 구매할 돈을 만들기 어렵다. 다른 수입도 고려해야 한다. 지금 부수적으로 돈을 벌 수 있는 일이 무엇인지를 찾고 그 일을 해야 한다.

벤츠의 기본 모델은 6000~7000만 원이면 구매할 수 있다. 그런데 전 재산을 털어서 차를 살 수는 없다. 여유 자금은 있어야 한다. 그래서 1억 원을 모으면 벤츠를 사도 된다고 생각했다. 그때부터 1억 원을 만들 방법을 찾고 또 투자하기 시작했다.

시작한 지 3년이 지나서 1억 원이 만들어졌다. 벤츠를 살 수 있는 돈이 모인 것이다. 처음에는 동급의 아우디를 샀고, 몇 년 후 벤츠로 차를 바꿨다. 2014년에 출간한 《나는 자기계발서를 읽고 벤츠를 샀다》라는 책이 이때의 일을 다룬 것이다.

나는 자기계발서의 힘을 인정할 수밖에 없었다. 나와는 인연이 없다고 생각한 벤츠를 사야겠다고 마음먹게 하고, 살 수 있게 만든 계기는 자기계발서였다! 그때까지만 해도 책은 책일 뿐이었다. 책이 실제 생활에 영향을 끼치고 또 삶을 바꿀 수 있다고는 생각지 못했다. 하지만 그게 아니었다. 책에는 읽는 사람의 사고방식과 삶을 바꿀 힘이 있었다.

책은 나를 어떻게 변화시켰는가 ③
나는 책을 읽고 비트코인을 샀다

2010년대 초반, 벤츠 사건을 통해 책은 단순한 읽을거리가 아니라 사고방식과 행동을 바꾸는 힘이라는 것을 실감하게 된다. 책을 책으로만 보면 읽을거리일 뿐이다. 하지만 책이 자기 자신을 변화시킬 수 있음을 인정하면 책은 스승이 되고 지침이 된다.

내가 심심풀이 읽을거리로만 볼 때 자기계발서는 단순한 유흥거리였다. 하지만 자기계발서가 내 마음과 행동을 바꿀 수 있다고 인식했을 때, 자기계발서는 벤츠를 사고 투자 활동을 하게 만드는 지침이 되었다. 그런 식으로 책이 나에게 영향을 끼친 주요한 사건으로 비트코인을 꼽을 수 있다.

나는 비트코인으로 돈을 벌었다. 2014년 개당 50만 원대일 때 비트코인에 투자했다. 당시 50만 원대의 비트코인을 20개 샀고, 2021년 비트코인이 5000만 원을 넘으면서 10억 원이 넘어서게 되었다. 덕분에 직장을 그만두고 파이어족으로 살아갈 수 있게 되었다. 비트코인만으로 직장을 그만둔 건 아니지만 비트코인이 결정적이었다.

그렇다면 비트코인을 어떻게 샀고 또 어떻게 수익을 냈을까. 내가 비트코인에 대한 선견지명이 있어서일까. 나는 컴퓨터 프로그램에 대해 아는 게 없다. 비트코인은 블록체인 기술이고 블록체인은 미래를 바꾸는 신기술이라고 말한다. 컴퓨터 프로그램에 문외한인 내가 디지털 신기술을 알 리 없다. 그럼에도 2014년에 비트코인을 살 수 있었던 건 책을 읽고 나서였다.

평소 서점에 자주 들른다. 책을 꾸준히 읽으려면 어떤 신간이 나왔는지 살펴야 하고, 그러려면 서점을 가야 한다. 최소 일주일에 한 번은 대형서점에 간다. 집 주변의 대형서점은 자주 들르고, 광화문 근처에 가면 꼭 교보문고에 들른다. 종로에 가면 영풍문고와 종로서적을, 여의도에 가면 영풍문고를 들른다. 대형 쇼핑몰을 가면 그 쇼핑몰에 있는 서점을 들른다. 다른 도시로 여행을 가면 그 지역의 대형서점을 들러서 어떤 책이 있는지 훑어본다.

2013년 서점을 둘러보다가 눈길을 끄는 신간 《넥스트 머니 비트코인》을 발견했다. 우리나라에서 최초로 나온 비트코인 책이다. 난 이 책을 읽고 비트코인을 사야겠다고 마음을 먹었다. 내 인생을 바꾼 몇 안 되는 사건 중 하나가 이 책에서 시작되었다.

책의 단점부터 이야기해보자. 비트코인이 2009년에 나온 이후 컴퓨터 전문가 사이에서 이슈가 되었다. 비트코인 마니아가 생겼고, 자기들끼리 비트코인을 추천하고, 서로 나눠 가지기도 했다.

언론에서도 비트코인을 집중적으로 다루었다. 2010년 5월, 비트코인으로 피자를 구매했다는 기사가 소개되었고 비트코인 거래소가 해외에 설립되었다는 뉴스와 비트코인 해킹 사건 등도 간간이 언론에서 흘러나왔다. 비트코인이 기반으로 하는 블록체인이 미래에 큰 영향을 미칠 신기술이라는 소개도 있었다.

하지만 비트코인 관련서가 우리나라에서 처음 발간된 시기는 2013년이다. 비트코인이 나온 지 4년이나 된 시점이었고, 비트코인이 언론에서 이슈가 된 지도 3년이 지나서였다. 이것이 책이라는 매체의 한계다. 책은 세상을 앞서가지 못한다. 현 추세를 따라가는 것도 아니다. 책은 항상 실제 현상보다 늦다.

그렇다면 책의 장점은 무엇일까. 책이 현상을 따라가지 못한다고는 해도 평균보다 빠르다. 우리나라에서 비트코인 책은 2013년부터 출간되기 시작했다. 비트코인이 대중에게 널리 알려진 시기는 2017년 100만 원에서 1000만 원, 2000만 원으로 폭등하면서부터다. 지금 가상화폐에 투자한다는 사람들 또는 비트코인이나 가상화폐에 대해 안다고 하는 사람들이 언제부터 관심을 두게 되었는지 살펴보라. 대부분이 2017년 비트코인 폭등기 이후에 관심을 갖게 되었다.

책을 읽으면, 특히 신간에 관심을 가지면 최신 지식은 아니더라도 사회 평균보다는 빨리 변화를 알아챌 수 있다. 그러나 무엇보다 책은 사람의 마음을 바꾸고 의사결정에 영향을 끼칠 수 있다는 점이 중요하다. 이러한 영향은 행동을 바꾼다. 즉 책에는 사람의 행동을 바꾸는 힘이 있다.

《넥스트 머니 비트코인》을 통해 비트코인을 처음 알게 된 것은 아니지만 이 책을 읽고 나서야 사야겠다고 마음먹었다. 비트코인은 앞으로 오를 것이라는 확신이 들었다.

결정하고 나니 막상 우리나라에 비트코인을 살 수 있는 거래소가 없었다. 우리나라에서 비트코인을 가지고 있는 사람은 대부분 IT 관계자들이었는데, 나는 그 분야에 아는 사람이 없었다. 2014년 우리나라에 비트코인 거래소가 만들어졌고, 그때 1000만 원을 투자해 비트코인 20개를 샀다. 내가 책을 읽고 투자하게 된 가장 대표적인 경우였다.

4

책은 나를 어떻게 변화시켰는가 ④
책을 읽고 비트코인을 산 이유

비트코인에 대한 기본 정보는 인터넷 기사나 블로그에 나와 있다. 비트코인이 2100만 개만 생산된다는 것, 블록체인 기술의 원조라는 것, 누가 언제 비트코인을 만들었고 어떤 과정을 거쳐 현재에 이르렀는지 등.

하지만 인터넷 정보와 책 사이에는 기본적인 차이가 있다. 가장 중요한 차이는 양이다. 인터넷 기사나 블로그는 길어야 A4 2~3장 분량이지만 책은 못해도 200쪽(A4 70~80장) 이상이다. 같은 내용을 중언부언하면서 그 분량을 채울 수는 없다.

웬만한 책 한 권은 A4 2~3장 분량으로 요약·정리할 수 있다. 이렇게 요약할 수 있는 것을 200쪽 넘게 쓰려면 방법은 하나밖에 없다. 최대한 자세히 써야 한다. 기사에서는 비트코인이 2100만 개만 공급된다고 한 줄로 서술한다. 하지만 책은 간단하게 넘어가지 않는다. 왜 비트코인이 2100만 개만 생산되는지, 어떤 과정을 거쳐 만들어지는지 등을 모두 서술해야 한다.

내가 책을 읽으면서 비트코인을 사야겠다고 생각한 포인트는 비트코인의 공급이 고정되었다는 점이다. 경제학에서 가격이 결정되는 원리는 간단하다. 공급이 증가하면 가격이 내려가고 수요가 증가하면 가격이 오른다. 반면 공급이 낮아지면 가격이 올라가고 수요가 떨어지면 가격이 내려간다. 수요가 증가하는 데 공급이 고정되거나 작아지면 가격은 오른다.

그런데 현실 세계에서 공급이 고정되는 일은 거의 없다. 공산품은 무한대로 공급이 증가할 수 있다. 금과 다이아몬드도 계속 채굴하면 공급이 증가한다. 화폐는 정부가 계속 발행한다(그래서 화폐 가치는 떨어진다). 주식도 발행량이 고정되어 있다지만 기업이 필요하면 더 발행할 수 있다. 어떤 것이든 공급이 고정되면 가격 상승을 기대할 수 있다.

사망한 예술가의 작품이나 골동품은 공급이 고정되어 있다. 그래서 수요가 받쳐주면 이런 예술작품과 골동품의 가격이 폭등하는 것이다.

공급량이 고정되어 있는, 현대 사회에서 찾아보기 힘든 품목이 비트코인이다. 비트코인이 2100만 개만 발행된다는 기사를 접했을 때는 비트코인 공급이 정말로 고정되어 있다고 생각하지 않았다.

말은 그렇게 해도 필요하면 더 공급량을 늘리는 게 일반적이다.

책은 언론보다 훨씬 자세히 그 주제를 다룬다. 공급량이 왜 고정되어 있는지, 공급량을 왜 더 늘릴 수 없는지, 2100만 개 비트코인이 언제 어떻게 공급되는지 말이다. 기사를 읽을 때는 비트코인이 2100만 개만 생산된다는 것을 공감할 수 없었는데 책을 읽으면 그 사실을 확신할 수 있게 된다. 공급량이 고정되어 있으면 약간의 수요만 따라주어도 그 상품 가격은 크게 오른다. 그때 '비트코인은 사두면 오를 것'이라는 확신이 들었다.

인터넷에서 읽는 기사는 요약본이다. '썸' 타는 상대에게 '좋아한다'라고 한마디 하는 것과 같다. 책은 원인, 과정, 예상 결과와 관련 사항을 모두 다루고 있다. 썸 타는 상대에게 언제부터 좋아했는지, 얼마나 좋아하는지, 어떤 점을 좋아하는지 등을 말이다. 내가 상대를 좋아하지 않는 상태라면 상대방의 좋아한다는 한 마디에 마음이 움직이기 쉽지 않다. 하지만 언제부터 좋아했는지, 얼마나 좋아하는지, 어떻게 좋아하고 지금 마음이 어떤지를 자세히 설명하면 마음이 움직일 가능성이 더 커진다. 이게 책 읽기의 효과다. 단순한 지식에서 멈추지 않고 사람의 마음과 생각을 변화시키는 힘이다.

물론 《넥스트 머니 비트코인》을 나만 읽은 게 아니다. 아무리 적어도 몇백 명은 읽고 비트코인 생산량이 고정되어 있음을 알게 되었을 것이다. 그러면 그들이 모두 비트코인을 샀을까? 그렇지는 않을 것이다. 이 책을 읽고 비트코인을 사려고 생각한 사람이나 실제로 산 사람은 극소수였을 것이다. 그 차이는 무엇일까?

투자에 대해 어떻게 생각하는지, 투자를 직접 해본 적이 있는지도 영향을 끼쳤을 것이다. 아무리 어떤 상품이 오른다고 확신한다 해도 투자 경험이 없는 사람은 그 상품에 투자하기 쉽지 않다. 비트코인이 유망하다고 생각해도 투자할 자금이 없어서 사지 못한 사람도 있을 것이다.

가장 중요한 이유는 기반 지식이라고 생각한다. 비트코인 공급량이 2100만 개로 고정되어 있다는 것의 의미를 알고 있는지의 차이다. 경제학 지식이 있는 사람은 공급량 고정이 어떤 의미인지 파악할 수 있지만, 경제학을 잘 모르는 사람은 어떤 의미인지 알수 없다. 이건 경제학 원론 교재서에 나오기도 하는데 교재를 몇번 읽어서 체감할 수 있는 건 아니다. 경제에 관한 지식, 상품 가격과 역사에 대한 지식이 받쳐주어야 그 중요성을 알 수 있다.

나는 공급량 고정의 중요함을 어떻게 알았을까. 이것도 책으로 접했다. 경제·경영 관련 책들을 읽으면서 공급과 수요에 따라 가격이 어떤 식으로 변하는지 지식을 얻었다. 투자에 도움이 되고자 또는 돈을 벌고자 읽은 건 아닌데 비트코인 책을 읽으면서 이 지식이 유기적으로 연결되었다. 투자한다고 해서 투자 책만 읽으면 곤란한 이유다. 투자와 관련이 없더라도 다른 책들을 읽는 것은 간접적으로 영향을 끼친다.

내가 2014년에 비트코인에 투자할 수 있었던 것은 책 덕분이다. 책에 감사할 수밖에 없는 이유다.

책은 나를 어떻게 변화시켰는가 ⑤
나의 투자 방법은 책에서 나온다

순자산 50억 원 덕분에 직장을 그만둘 수 있었다. 직접적으로는 비트코인 투자로 금융 자산이 많이 발생해서이고 그 외의 투자에서도 어느 정도 성과를 거둬 직장에 사표를 낼 수 있었다.

내가 투자를 시작한 시기는 2011년 종잣돈 1억 원이 만들어지면서부터였다. 종잣돈 1억 원과 당시 살고 있던 2억 5000만 원 정도의 오피스텔이 불어나 2021년 50억 원 정도가 되었다. 자산을 키운 방법은 투자였다. 따로 사업을 하는 것도 아닌 월급 근로자가 자산을 키울 방법은 투자밖에 없다.

그러면 어디서 어떻게 투자 노하우를 배워 자산을 키울 수 있었을까. 이 역시 책이다. 책에서 어디에 어떻게 투자할지 정보를 얻었고, 그 정보대로 실제 투자를 해보면서 노하우를 배웠다. 책만으로는 자산을 늘릴 수 없다. 실제 투자를 해야 한다. 그래서 책보다는 투자 행위 그 자체가 더 중요하다고 볼 수 있다.

하지만 투자 행위 자체에 중점을 두는 사람은 많다. 우리나라에서 주식 투자를 하는 투자자만도 1000만이 넘는다. 그런 행위 중심 투자자와 나를 구분해주는 건 아무래도 책이다. 책을 이용하느냐 여부가 성공적인 투자자가 되느냐 아니면 평범한 투자자로 남느냐의 분기점이 아닐까 한다.

2가지는 이야기하자. 첫째, 나는 선천적이고 본능적인 투자자가 아니다. 마흔이 넘어서 본격적으로 투자를 시작했다면 후천적인 것으로 봐야 한다. 나는 어려서부터 투자를 시작한 워런 버핏이나 제시 리버모어 같은 투자자가 아니다. 마흔에 투자가 꼭 필요함을 인식하게 되었고, 책을 통해 투자자가 되었다는 말이다.

직업(대학교수)이 돈과 인연 있는 사람은 아님을 의미한다. 교수들끼리 자주 하는 말이 있다. 교수이면서 큰돈을 버는 사람은 없다는 말이다. 교수 연봉은 뻔하다. 고액 연봉 교수라고 해도 한계가 있다. 기업의 고액 연봉자처럼 몇억 이상을 버는 교수는 없다. 교수는 중산층으로 살 수 있지만, 부유층이 되기는 힘든 직업이다.

프로젝트를 많이 하는 교수도 그렇다. 프로젝트 수입 중에서 막상 본인 주머니에 넣을 수 있는 건 많지 않다. 다른 교수들보다 더 많이 벌 수는 있지만, 부유층으로 올라설 정도의 수입은 아니라는 말이다.

그럼에도 큰 부자인 교수가 있다면 집이 부자여서 그렇다. 이런 경우는 많다. 부자인 교수를 보고 훌륭한 교수가 되어서 부자가 되었다고 생각해서는 곤란하다.

교수는 돈과 관련 없는 직업이다. 내가 교수여서 투자에 성공했다고 생각해서도 안 된다. 내가 투자에 성공할 수 있었던 건 학문과 관련 없는 일반 투자 책 덕분이다.

둘째, 전공이 투자에 큰 도움이 되었다고 생각할 수 있다. 나의 대학 전공은 경제학이고 경영학과에서 교수를 했다. 혹자는 내가 경제학과 경영학을 전공했으니 이를 바탕으로 투자에 성공했다고 생각할 수 있지만, 경제학과 경영학 전공자로서 그건 분명히 아니라고 말할 수 있다. 경제학 전공자나 경영학 전공자는 투자 지식은 있을 수 있지만, 투자에 성공하기는 어렵다. 즉 경제학자와 경영학자가 투자를 통해 부자가 되었다는 이야기는 듣기 힘들다.

물론 경제학은 주식 이야기를 한다. 주가에 영향을 끼치는 요인이 무엇인지 많은 연구를 한다. 그런데 경제학은 시장이 경쟁적이고 따라서 초과이윤, 초과수익은 불가능하다고 본다. 주식 시장만이 아니라 어떤 시장이든 초과이윤을 얻을 수 없다고 본다. 단, 독과점 시장에서는 초과이윤을 얻을 수 있다. 주식 시장은 수많은 참여자가 거래하는 완전 경쟁 시장이다. 이런 시장에서는 큰 수익을 얻을 수 없다는 것이 경제학에서의 진리다.

경제학의 대표적인 주식 시장 이론이 효율적 시장 이론이다. 숨겨진 내부 정보로만 수익을 얻을 수 있고 그 밖의 정보로는 수익을 얻을 수 없다는 이론이다. 경제학에서는 주식 시장을 온갖 자료로 분석하지만, 어떤 수를 써도 장기적으로 수익을 얻지는 못한다는 결론만 제시한다.

경제학은 주식 시장에서 왜 돈을 벌 수 없는지 잔뜩 이야기하고 주식 시장에서 돈을 버는 것은 불가능하다고 주장하는 학문이다. 실제 투자에서 성공한 사람은 있지만 어디까지나 우연이나 운, 확률로 치부한다.

소득, 인플레이션, 실업, 이자율, 통화량 등 주식 투자에 도움이 되는 용어는 언급하지만, 주식으로 돈 버는 것은 불가능하다고 보므로 경제학을 아무리 공부해도 투자에서 성공하기 힘들다. 비트코인은 가치가 없고 허상이고 버블일 뿐이라고 언론에서 주장하는 사람들이 어떤 사람들인지 보라. 대부분 경제학 전공자들이다. 진리를 말할지는 모르지만, 돈은 벌 수 없다.

경영학에서도 투자 이야기를 한다. '투자론'이라는 과목도 있다. 교수일 때 투자론과 재무관리론을 맡아서 가르쳤다. 투자론은 투자를 성공적으로 하는 법을 가르치는 것이니 이를 알면 투자를 잘할 수 있을 거라고 생각할 수 있다. 하지만 그렇지 않다.

물론 투자론은 성공적인 투자 방법을 이야기한다. 그런데 투자론이 대상으로 하는 고객은 기업이다. 경영학은 기업을 경영하는 사람이 어떻게 해야 하는가를 말하는 학문이다. 기업 중에서도 대기업이 대상이다. 경영자와 대기업의 입장에서 어떻게 투자해야 하는지를 말하는 게 투자론이다. 일반 개인 투자자를 위한 투자법은 논외다.

　대기업과 개인 투자자 사이의 가장 큰 차이는 무엇인가. 자금의 규모다. 투자론에서 이야기하는 투자는 자금 제한이 없다. 돈이 부족하면 얼마든지 외부에서 조달할 수 있음을 전제한다. 그런데 개인 투자가가 이런 식으로 투자하면 망한다. 목표 수익률도 다르다. 투자론에서는 시장 이자율보다 좀 더 높은 수익을 목표로 한다. 지금 이자율을 고려하면 연 5%, 7% 수익만 얻어도 훌륭한 투자라고 본다. 이런 수익률을 목표로 하는 개인 투자가는 없다.

　경영학의 투자론이 알려주는 대로 투자를 하면 돈을 잃지 않을 수는 있어도 큰돈을 버는 건 불가능하다. 투자론에서는 투자에 성공할 확실한 방법을 제시하지 못한다. 경영학의 다른 분야에서는 이래야 한다 저래야 한다는 확실한 지침을 말한다. 하지만 투자론에서는 이러면 망한다 저러면 망한다는 것은 확실히 하는데, 이러면 큰돈을 벌 수 있다는 이야기는 다루지 않는다. 그건 투자론도 모른다.

　난 투자할 때 투자에 관한 일반적인 책을 참고했다. 대학 교재 투자론은 도움이 되지 않았다. 이건 어떤 책을 보느냐의 중요성을 말하는 것이기도 하다. 투자에서 성공할 수 있다는 책을 봐야지 투자로 성공하기는 어렵다거나 현실과 상관없는 주제를 다루는 투자 책은 도움이 되지 않는다. 나는 투자에 성공할 수 있다는 책, 실제 투자하는 사람들의 책을 읽고 투자에 대해 배우게 된다.

책은 나를 어떻게 변화시켰는가 ⑥
어디에 투자할까, 책은 답을 알고 있다

본격적으로 투자를 해보자고 마음을 먹었다. 그렇다면 어디에 어떻게 투자해야 할까. 인터넷을 보면 수많은 투자 정보를 소개하고 있다. 이 종목이 좋다는 둥 저 종목이 좋다는 둥 주식 투자뿐 아니라 부동산 투자, 금은, 농산물 같은 대체 투자도 찾아볼 수 있다. 나는 투자 정보를 어디서 어떻게 얻었을까. (독자들은 이제 그 답을 알 것이다.) 투자 정보는 주로 책에서 얻는다. 매년 끊임없이 출간되는 투자 관련 책들을 보고 투자 결정을 한다.

난 미국 주식에서 큰 수익을 얻었다. 미국 주식을 시작한 시기는 2015년경이다. 당시 우리나라에서 중국 주식을 직접 구매할 수 있는 선강통과 후강통 등이 시행되었는데 이때쯤 해외 주식을 시작하자는 붐이 일었다. 당연히 중국 주식이나 미국 주식을 시작하라는 책도 꽤 출간되었다. 이런 책들을 보면 우리나라 주식이 아니라 왜 중국이나 미국 주식을 사야 하는지 이유가 자세히 쓰여 있다.

이 책들에 따르면 우리나라 주요 기업들보다 중국과 미국의 주요 기업들의 실적이 더 좋다. 실적이 좋아야 주가가 오르기 마련이고, 실적이 좋을수록 주가도 많이 오른다. 실적이 더 좋은 기업에 투자해야 한다면 중국이나 미국 주식에 투자해야 한다는 것이다.

당시 미국 주식이나 중국 주식 관련 책을 몇십 권 읽었다. 이 책들은 해외 주식 투자는 국내와 달리 장기적 관점에서 접근해야 한다면서 꾸준히 오를 주식들을 추천했다. 우리나라 기업 정보는 빠르게 구할 수 있으므로 단기 거래도 가능하지만 해외 기업 정보는 우리나라에서 빠르게 구할 수 없다. 그러니 해외 주식 투자는 반드시 장기적으로 해야 한다는 논리였다. 이 책들의 내용대로 투자해보기로 했다. 국내 주식은 단기적으로 사고팔더라도 해외 주식은 최소 3년에서 최대 10년은 그대로 들고 가보기로 했다.

종목은 어떻게 고를까. 내가 해외 기업을 자세히 알 리 없다. 이 책들에서 공통으로 추천하는 종목을 대상으로 했다. 책에서는 어떤 종목을 추천하면서 왜 유망한지 근거를 제시한다. 몇 마디 간단히 하는 것이 아니라 최소 5쪽 이상, 길게는 20쪽 정도를 할애해 그 종목의 경쟁력을 말한다. 이유를 길고 자세히 서술하는 것이 책의 장점이다. 이유와 근거를 확실히 알고 투자하는 것과 모르고 하는 것은 장기적으로 큰 차이를 만들어낸다.

책마다 공통으로 추천하는 종목 중에서 주가가 좋으리라는 근거가 마음에 와닿는 종목을 선정했다. 이 주식들은 책에서 말하는 대로 몇 년간 건드리지 않기로 했다. 당시 구매한 종목들이 실제로 큰 수익을 안겨주었다. 모든 종목에서 수익이 난 건 아니다. 중국 주식 중에는 손실이 나거나 몇 년이 지났는데도 약간의 수익만 난 것들도 있다.

크게 오른 종목으로는 넷플릭스, 아마존, 구글, 애플 등이 대표적인데 당시 책들이 추천했던 종목들 중에 내가 구매한 것들이다. 처음 1년여 동안은 손실을 봤지만, 장기적으로 큰 수익을 안겨주었다. 비트코인과 미국 주식의 수익으로 나는 직장을 그만둘 수 있게 된다.

물론 책대로 해서 항상 좋은 결과만 얻었던 건 아니다. 주식 투자 책은 해외 주식에 장기 투자하라고도 하지만, 차트나 그날그날의 이슈와 트렌드를 보고 매일 사고팔라고도 한다. 선물 옵션을 추천하거나 가치주나 배당주 위주로 투자하라는 책들도 적지 않다. 물론 그 책들도 읽었고 거기에서 추천하는 방식으로도 투자해보았다. 미국 주식에 장기 투자한 것은 특별한 일이 아니었다. 책에서 하라는 대로 한 수많은 투자 방식 중 하나였을 뿐이다. 그렇다고 미국 주식에 큰돈을 투자하지도 않았다. 다른 방식으로도 투자해야 해서 전체 투자금 중 일부만 넣었다.

막상 충분한 수익을 주는 방식은 별로 없었다. 단타, 차트를 보고 매일 거래하는 방식은 나와 맞지 않았다. 주식 거래를 매일 하려면 아침 9시부터 컴퓨터 앞에 앉아 있어야 했다. 장이 마감되는 오후 3시까지 컴퓨터 앞에 앉아 있지는 않더라도 최소한 오전 장이 열릴 때 1시간 정도는 시장을 지켜보는 게 중요했다. 하지만 나는 직업이 있다. 오전 1시간을 매일 할애하는 것은 불가능하다. 조금 해보다가 맞지 않는 방식이라 생각하고 포기했다.

'주식, 상한가를 쳤다!' 같은 뉴스와 정보를 확인하고 이를 통해 주가 움직임에 대한 감을 배우라는 책도 읽었다. 말이 되는 것 같아 한번 해보자고 달려들었다.

그런데 주가가 상한가가 되는 이유를 보니 어이가 없었다. 유망한 대선 후보와 같은 고등학교 출신이 이사로 있다는 이유로, 예전부터 알려져 있던 정보가 언론 기사로 나왔다는 이유로 상한가가 되기도 했다. 이해하려면 할 수는 있겠지만 말이 안 되는 이유였다. 이런 식으로는 곤란하다는 판단을 했고 손을 뗐다.

나의 주식 투자는 이런 식이다. 투자에 관한 책을 꾸준히 읽는다. 책에서 소개한 방식 중에서 괜찮다 싶은 게 있으면 직접 그 방식대로 해본다. 읽을 때는 괜찮아 보였는데 직접 해보면 맞지 않는 방식이 있다. 그러면 그 방식은 포기한다. 내가 계속할 수 있는 방식이면 그대로 해본다.

그렇게 하다가 일정한 시간이 지나면 결과가 나오기 시작한다. 몇 달 정도로는 좀 부족하고 1~2년 후 그 방식이 수익이 나는지, 수익이 난다면 어느 정도 나는지 나름대로 판단이 선다. 수익이

나지 않으면 포기한다. 수익이 나더라도 만족할 만한 수준이 아니면 포기한다. 배당주 투자, 저PER, 저PBR 등의 주식을 보유하는 시스템 투자도 그래서 포기했다. 수익이 나기는 하지만 만족할 만한 수준은 아니었다.

이렇게 내가 하는 투자법 중에서 스스로 개발한 방식은 없다. 스스로 투자 방식을 개발하려면 에너지와 노력, 시간이 필요하다. 나는 그렇게까지 성실하게 노력하는 투자자는 아니다. 내가 하는 모든 투자 방식은 책에서 읽고 배운 것들이다.

이런 방식은 지금도 유지하고 있다. 책을 읽다 보면 '이 종목은 괜찮겠다'라는 생각이 든다. 끊임없이 새로운 투자 방식도 소개되고 있다. 새로운 투자 방식을 만든다는 건 참 어려운 일이다. 그런데도 1년에 몇 가지씩의 새로운 투자 방식이 책으로 소개된다.

나는 지금도 설득력 있는 새로운 투자 방식이 나오면 그 방식대로 적용해본다. 결과는 좋을 수도 있고 나쁠 수도 있다. 하지만 책에서 제시한 방식을 직접 실행해보는 것만큼 투자에 대한 이해도를 높이는 방법은 없는 것 같다.

7

책은 나를 어떻게 변화시켰는가 ⑦
책 쓰기를 가능하게 하는 책 읽기

책은 투자 측면에서만 나를 바꾼 게 아니다. 내가 작가라는 경력을 얻게 된 것도 책 덕분이다. 2013년 처음 책을 낸 이후 2022년 초까지 총 15권을 출간했다. 15권을 냈다고 해서 딱 그만큼의 원고만 쓴 건 아니다. 아직 출간하지 않은 원고가 3권 분량만큼 있다. 2021년까지 직업이 있는 상태에서 1년에 2권 정도 책을 쓴 꼴이다.

나는 전업 작가가 아니다. 책을 써서 먹고사는 사람이 아니라는 뜻이다. 책을 기반으로 강의를 다니는 사람도 아니다. 그런데도 15권의 책을 썼다. 주제도 다양하다. 자기계발·투자 관련서 4권, 역사 관련서 3권, 경제·경영 관련서 3권, 사회 분야 4권, 학술서

1권이다. 작가로 이름이 나려면 한 분야에 집중하는 게 좋다. 이렇게 여러 분야에 걸쳐 책을 쓰면 작가 경력으로는 좋지 않다. 그래도 전공 분야 말고 여러 분야의 책을 쓸 수 있게 된 건 사실이다.

내가 1년에 2권씩, 그것도 전공이 아닌 다른 분야의 책을 쓸 수 있게 된 건 무엇 덕분일까. 이 역시 책 읽기를 통해서다. 책을 많이 읽으면 자연적으로 책을 쓸 수 있게 된다. 내가 책을 쓰고 싶다고 생각하게 된 건 대학원생 때였다. 일주일에 2권씩 책을 읽을 때였는데, 이때 독서를 하면서 감동을 많이 받았다.

당시 읽은 책 중에서 폴 케네디의 《강대국의 흥망》, G. 프리드먼과 M. 르바드의 《제2차 태평양전쟁》, 에릭 시걸의 《프라이즈》, 마이클 클라이튼의 《콩고》와 《쥬라기 공원》 등이 강한 인상으로 남아 있다. 책을 읽으면서 새로운 세계를 만난다는 생각이 들었다. 그때부터 언젠가 책을 쓰자는 생각을 하게 되었다. 이 생각은 책 읽기에서 나왔다. 책을 읽지 않았으면 책을 쓰겠다는 생각도 하지 않았을 것이다.

2013년 이후부터 책을 쓰기 시작했다. 그 이전이라고 글을 쓰지 않은 건 아니다. 박사 과정을 밟고 교수를 하면서 논문이나 프로젝트 보고서는 써왔다. 하지만 논문이나 프로젝트 보고서 쓰기와 책 쓰기는 다른 일이다. 논문은 분량이 A4 20장 정도다. 프로젝트 보고서는 양이 많을 수 있지만, 주제가 하나에 고정된다. 어떻게 그런 결과를 얻었는지에 대한 조사 과정과 분석 과정을 주로 다루므로 정작 전달하는 메시지는 많지 않다.

책이 논문이나 프로젝트 보고서와 다른 점은 최소한 A4 70~80장 이상의 분량이 있어야 한다는 점(지금 이 책의 초고만 해도 A4 100장 분량이 넘는다), 꼭지마다 다른 내용이어야 한다는 점이다. 나에게는 책 집필이 논문이나 프로젝트 보고서를 쓰는 것보다 에너지가 더 들고 어려운 일이다.

내가 여러 분야의 책을 쓸 수 있었던 건 책 읽기 덕분이다. 그동안 1년에 몇백 권을 읽어왔다. 10년이면 몇천 권이다. 어떤 한 주제에 대해 본격적으로 관심을 가지고 책을 읽은 건 아니다. 책을 쓰는 데 도움을 받겠다는 생각 없이 읽었는데 많이 읽다 보니 한 한 분야에 대해 읽은 책의 양이 많아졌다.

10권을 읽을 때 경제·경영서를 1권 읽는다고 하자. 100권을 읽으면 경제·경영서를 10권을 읽게 된다. 요즘은 1년에 500권을 읽으니 경제·경영서는 50권이 된다. 또 읽는 책 10권 중 1권은 역사책인데, 그러면 1년 동안 역사서를 50권 정도 읽게 된다. 정치 관련 책은 30권 읽을 때 1권 정도 읽는데, 그렇게 읽어도 1년에 20권 가까이 읽는다. 10년이면 200권이다.

일반적으로 100권을 읽으면 책 1권을 쓸 수 있다고 한다. 책 쓰는 데 꼭 필요한 분량은 50권 정도면 되는 것 같다. 책 1권을 쓰려면 50꼭지 정도는 필요하다. 물론 1꼭지의 분량에 따라 40 혹은 60꼭지가 필요할 수 있다. 책은 꼭지별 내용이 달라야 한다. 즉 그 책의 주제에 대해 서로 다른 내용으로 50꼭지를 쓸 수 있으면 책이 나올 수 있다.

책 1권을 읽으면 1꼭지 정도 쓸 수 있는 내용이 나온다. 그러니까 50꼭지를 쓰려면 50권을 읽으면 된다. 책은 모두 주제가 다르니 50권을 읽으면 서로 다른 내용의 꼭지를 50개 쓸 수 있다.

물론 현실적으로는 다르다. 책 중에는 독창적인 내용을 담은 책도 있고, 기존의 것을 반복하는 책도 있다. 기존 내용을 반복하는 책은 읽어봤자 활용할 게 없다. 이해하고 공감하기 어려운 내용만 있는 책도 있다. 이런 책은 읽어도 집필할 때 도움 될 만한 내용이 없다. 그래서 50권만으로는 부족하고 더 읽어야 한다. 가끔 책 1권에서 여러 꼭지를 쓸 수 있는 내용도 나오는데 그런 경우는 드물다. 제대로 된 책 2권을 읽으면 책을 쓰는 데 참고할 내용이 하나 정도 나온다고 보면 된다. 그래서 책 1권을 쓰려면 100권을 읽어야 한다는 말이 나온 것 같다.

내가 여러 분야의 책을 쓸 수 있었던 이유는 간단하다. 그동안 다양한 분야의 책을 분야마다 100권 이상 읽은 덕분이다. 한 분야의 책을 100권 이상 읽자고 달려든 건 아닌데, 30년 넘게 읽다 보니 여러 분야에서 각 100권 이상씩 읽게 되었다.

만약 남녀 차이에 관한 이야기를 쓰고 싶다면 남녀 차이를 다룬 책과 자료들을 구해 읽어야 한다. 그런데 난 이런 과정을 특별히 따로 거치지 않아도 된다. 그동안 읽은 책에서 남녀 차이를 다룬 책을 추려내면 된다. 남녀 차이에 관한 책을 이미 100권 가까이 읽었기에 그중에서 좋았던 부분, 새로웠던 부분을 따로 뽑아내면 된다. 그 자료를 모으면 50꼭지의 주제를 모을 수 있다. 그다음에는 그 내용을 중심으로 집필하면 된다.

나 자신의 경험을 집필한다면 이런 자료 수집 과정은 필요 없다. 하지만 자기 감정을 쓰는 에세이가 아니라면 책을 쓰는 데 가장 어려운 부분이 자료를 모으는 과정이다. 하지만 나는 자료 수집 과정에 시간이 들지 않는다. 기존에 책을 읽고 난 후 정리해둔 자료만으로도 충분하니 말이다.

물론 이런 식의 집필에는 한계가 있다. 좋은 책을 집필하려면 참고도서 100권으로는 안 된다. 500권은 읽어야 한다. 명저라고 하면 그것보다 더 많은 책이 필요하다. 명저라고 불리는 책들을 보면 참고문헌만 몇십 쪽 아니 몇백 쪽에 달하기도 한다.

나는 책을 쓰려는 목적으로 어느 한 주제에 깊게 파고든 적이 없다. 그래서 해당 분야의 책을 100권 이상 읽기는 했지만 500권 이상은 별로 없다. 경제·경영·역사서를 500권 이상 읽기는 했는데 경제의 세부 분야나 역사의 세부 분야로 들어가면 권수가 줄어든다. 전문적인 좋은 책을 쓰기에는 한계가 있는 것이다. 좋은 책을 쓰려면 보다 집중적인 책 읽기가 필요하다.

어쨌든 책 쓰기는 책 읽기에 비례한다. 책을 많이 읽으면 집필할 힘이 생긴다. 한 주제로 100권을 읽으면 책 1권을 쓸 수 있다. 책을 쓰고 싶다면 책을 읽어야 한다.

8

책은 나를 어떻게 변화시켰는가 ⑧
내가 논문을 많이 쓸 수 있었던 이유

대학교수였던 나는 전공 분야에서 나름 지명도가 있었기에 프로젝트를 계속할 수 있었다. 내가 그런대로 프로젝트나 자문 활동 등을 할 수 있었던 이유는 꾸준히 논문을 냈기 때문이다.

프로젝트나 자문 등을 하려면 2가지 방법이 있다. 하나는 인맥이다. 동료 교수나 이전에 같이 일했던 사람을 통해 일이 들어오는 경우다. 다른 하나는 논문이다. 프로젝트를 맡기려는 사람은 해당 주제를 연구한 사람이 있는지 주로 논문 검색을 통해 찾는다. 관련 논문을 훑어보다가 내 논문을 발견하고 이를 통해 프로젝트로 연결되는 경우다.

난 논문을 많이 쓴 편이다. 교수를 그만둘 때까지 학술지에 게 재한 논문이 94편이었다. 2004년경부터 시작했으니 1년에 5편 이상 꾸준히 써온 셈이다. 이는 공과대학이나 자연과학 영역에서 볼 때 많은 편수는 아닐 수 있지만, 사회과학 영역에서는 적지 않은 양이다.

공과대학은 연구실을 운영하고 연구자들이 서로 분담해 공저를 하곤 한다. 반면 사회과학 영역에서 공저는 많지 않다. 공저라 하더라도 공저자는 많아야 두셋이다. 논문을 한둘이 온전히 쓰므로 1년에 평균 5편은 많은 양이다. 이 논문들 덕분에 프로젝트를 맡아 진행할 수 있었다.

그러면 논문을 많이 쓸 수 있었던 이유는 무엇일까. 똑똑해서라는 말은 하지 않겠다. 나는 유명 대학이 아닌 전문대학 교수였다. 전도유망한 교수는 아니었다는 뜻이다. 하지만 논문은 많이 썼다. 좋은 논문은 아니어도 최소한 양적으로는 논문 실적이 좋았다.

대학의 박사 동문은 내게 이런 논문 주제를 어디서 구하는지 물어보곤 했다. 논문을 쓸 때 가장 어려운 포인트는 주제를 정하는 과정이다. 박사 학위를 받은 사람은 나름대로 논문의 전문가들이다. 서론은 어떻게 써야 하고, 연구 방법론과 분석 과정은 어떻게 하며, 결론은 어떻게 내려야 하는지 잘 알고 있다.

문제는 논문 주제다. 무엇을 쓸 것인가만 정해지면 시작할 수 있다. 빠르면 한 달, 길어도 몇 달 정도면 가능하다. 그런데 주제를 정하기가 힘들다. 무엇을 쓸 것인가, 다른 논문과의 차별화 포인트는 무엇으로 할 것인가를 찾아내기 힘들다.

나는 논문의 포인트인 새로운 주제를 잘 찾아내는 사람이었다. 그래서 동료 학자들이 논문 주제를 어디서 어떻게 찾느냐며 자주 물어오곤 했다. 독자들은 그에 대한 답을 알 것이다. 당연히 책이다. 다만 전공 관련 책이 아니라 전공과 연관성 있는 다른 분야에서 논문 주제가 나왔다.

박사 전공이 행정학·정책학이니 이 분야와 관련된 논문들을 주로 썼다. 대학 전공은 경제학이니 경제학·정책학 등을 합쳐서 경제 정책과 행정 정책에 대한 경제적 접근 측면으로 논문을 쓰곤 했다. 우리나라 행정학계에서는 〈한국행정학보〉를, 정책학계에서는 〈한국정책학회보〉를 가장 좋은 학술지로 꼽는다. 행정·정책 관련 논문을 잘 쓰려면 이 두 학술지를 읽어야 한다.

당연히 행정·정책 전공자들은 이 학술지를 본다. 여기에서 논의되는 주제와 방법론, 결론 등 기본 정보는 전공자들 모두가 가지고 있다. 이는 행정·정책 전공자들은 거의 비슷한 생각을 하고 있다는 뜻이다. 그래서 새로운 주제를 발견하기 쉽지 않다.

나는 〈한국행정학보〉와 〈한국정책학회보〉 외의 다른 분야 학술지를 읽었다. 경제학 분야에서 가장 유명한 〈경제학연구〉, 경영학 분야의 〈경영학연구〉, 사회학 분야의 〈한국사회학〉 등의 학술지를 읽었다. 새로운 논문 주제를 찾으려고 읽은 것은 아니다. 〈한국행정학보〉와 〈한국정책학회보〉를 몇 년간 읽고 나니 다른 분야의 학술지가 궁금했을 뿐이다.

행정 정책은 정권이 교체되는 5년 정도면 그 내용이 상당히 변한다. 그래서 5년 이전의 정책 연구는 시의성이 없다. 인문학 관련 연구는 10년 전이나 20년 전의 것도 시의성이 있을 수 있지만, 행정 정책은 아니다. 예전 제도와 결과가 나온 정책의 연구 자료는 현시점에서 대개 의미가 없다. 그래서 행정 정책 외의 다른 분야의 최근 논문집을 한번 훑어보고자 했다.

행정·정책 논문은 기본 구조와 형식 등 패러다임이 동일하다. 다른 분야로 넘어가니 달랐다. 논문 주제도 다르고 방법론도 달랐다. 물론 논리 전개 방식도 다르다.

중요한 건 주제였다. 경영학·경제학·사회학 등의 분야에서 이슈가 무엇인지 알게 되었다. 그 분야들의 방법론을 행정학이나 정책학에 가져오는 건 무리였다. 다른 분야 전공자에게는 그 분야의 방법론을 적용할 능력이 없으나 주제나 이슈는 가져올 수 있다.

경영학이나 경제학·사회학 등에서의 이슈는 행정학·정책학과 꽤 달랐다. 즉 그 이슈들은 행정학·정책학 분야에서는 새로운 것이었다. 완전히 새롭지는 않더라도 논문 주제는 될 수 있었다.

이를 통해 새로운 아이디어를 도출하려면 자기 분야가 아닌 다른 분야에 대한 지식이 중요함을 알게 되었다. 자기 분야에만 머물러 있으면 새로운 아이디어가 떠오르지 않는다. 주변의 다른 분야로 눈을 돌리면 새로운 생각이 떠오른다. 그렇다고 미술·음악·자연과학 등의 책은 큰 도움이 되지 않았다. 분야가 워낙 다르다 보니 무슨 말인지 모른다.

행정·정책의 주변 분야라 할 수 있는 경제학, 경영학, 사회학 등은 전공과 많은 부분에서 연결될 수 있었다. 논문 주제를 잡으려고 할 때 가장 쉬운 방법은 인접한 다른 분야의 논문을 훑어보는 것이다. 정독할 필요도 없다. 기본 주제와 개념만 읽어도 도움이 된다. 나는 그런 방식으로 새로운 주제를 발견할 수 있었다.

논문을 꾸준히 쓸 수 있었던 것, 이를 바탕으로 프로젝트와 자문 활동을 할 수 있었던 것은 주변 분야의 논문집을 읽은 덕분이다. 지금도 논문 주제 찾기에 대해 누가 물어보면 이렇게 대답한다. "주변 분야의 논문집이나 책을 읽어라. 그러면 다른 이야기를 찾을 수 있을 것이다."

9

책은 나를 어떻게 변화시켰는가 ⑨

책이 가르쳐준, 나도 몰랐던 나의 비밀

지금까지 책 읽기 덕분에 '투자에 성공할 수 있었다', '돈을 벌 수 있었다', '책을 쓸 수 있었다' 같은 외면적인 것들을 주로 이야기했다. 다독하면 실질적인 이익을 얻을 수 있고, 지금보다 잘살 수 있게 된다는 것만 말한 셈이다.

그런데 우리가 '책을 많이 읽으면 좋다'라고 할 때는 정신적이고 내면적인 것을 먼저 떠올리게 된다. 책을 통해 마음이 더 넓어졌다거나, 삶에 대한 충실감을 느꼈다거나, 인생에 대한 통찰을 얻게 되었다거나 등. 이런 삶의 내면적인 것은 중요하지만 어디까지나 주관적인 것이다.

본인은 나아졌다고 하는데 실제로 나아진 것인지 아니면 '정신

승리'를 주장하는 것인지 알 수 없다. 정신적으로 나아진다는 것이 정말로 나아진 것인지 아니면 같은 정신 수준에서 방향만 바뀌었을 뿐인지 알 수 없다. 정신적 변화는 본인에게 중요하지만 다른 사람에게 나아진 점을 보여주기에는 한계가 있다.

그래서 책 읽기를 통해 정신적으로 나아졌다는 것 대신 '투자에 성공할 수 있었다', '돈을 벌어 파이어족이 될 수 있었다' 같은 이야기를 주로 한 것이다. 이것은 객관적인 것이고 다른 사람에게 보여줄 수 있다. 책을 통해 변화되었다고 할 때는 이런 객관적인 것을 언급하는 게 보다 설득력이 있다.

그런데 돈이나 투자 이야기만 하면 책 읽기에 대한 오해를 불러일으킬 수 있다. 돈이나 투자에 관심이 없는 사람이라면 오히려 부정적인 느낌을 받을 수 있다. 그래서 책 읽기로 인한 나의 변화에서 정신적·내면적 측면을 말해보고자 한다. 한 개인의 정신적 변화는 외부의 다른 사람은 알기 힘들다. 알게 된다고 해도 공감을 얻기 힘들고 무슨 말을 하는지 이해하기 어려울 수 있다.

하지만 그 변화는 당사자에게 중요하다. 이는 인생관이 만들어지고 세상을 보는 시각이 바뀌는 변화이니 말이다. 돈이나 투자 등을 언급했지만, 사실 나에게는 세상을 보는 시각의 문제가 가장 중요하다. 나의 세상을 보는 시각이나 인생의 기준은 책을 통해 만들어졌다.

나는 신비주의자다. 내가 신비주의자라는 사실은 책을 통해 알게 되었다. 종교에 관심이 있었지만, 어느 한 종교에 전념한 적은 없다. 어려서 교회를 다녀보기도 하고 집안이 절을 다니니 절도 자주 드나들었다. 그렇다고 불교를 믿는다고 말할 수 없는 이유는 불교의 교리와 주장이 도무지 마음에 와닿지 않기 때문이다.

다양한 주제의 책을 닥치는 대로 탐독하다 보니 종교 책도 자연히 많이 접했다. 기독교·불교·유교·도교·뉴에이지 등의 책을 꾸준히 읽고 가끔 이슬람·힌두교 등의 책도 읽는다. 이렇게 종교와 정신세계에 관한 책을 읽다 보면 내가 어떤 것을 가슴으로 받아들이고 어떤 것은 받아들이지 않는지 알 수 있다.

내가 종교 관련 책을 읽으면서 밑줄을 긋는 부분들을 보면 대개 이런 내용들이었다. 모든 종교는 같은 것을 목적으로 한다. 모든 종교가 목적으로 하는 산봉우리는 같다. 하지만 종교에 따라 제시하는 길은 다르다. 불교는 남쪽으로 접근하는 길을, 기독교는 동쪽으로 접근하는 길을 이야기한다. 도교는 계곡을 통해, 유교는 능선을 따라 산을 오르라고 한다.

이렇듯 내가 보기에는, 종교마다 다른 이야기를 하지만 각각의 종교가 궁극적으로 이야기하는 것은 같다. 나는 이 산봉우리를 깨달음으로 본다. 산봉우리의 시각에서 보면 모든 종교는 비슷하다.

종교 책을 읽으면서 나는 그렇게 생각하게 되었지만, 이런 것을 이야기하는 종교 교리는 없다. 그래서 스스로 생각하기에 종교적이기는 한데 믿는 종교는 없었다. 모든 종교가 세부적인 측면에서 내가 받아들일 수 없는 부분이 있었다.

대학원생일 때 《젤라토르: 비밀의 역사》를 읽고 내가 신비주의자임을 알게 되었다. 종교에 대한 내 시각이 신비주의자와 같은 것이었고, 내가 좋아하는 삶의 방식도 신비주의자의 것이었다. 그때까지 내 삶에 대한 시각이나 태도가 기존 종교와 맞지 않는다고만 생각해왔다. 하지만 아니었다. 나는 신비주의자였다.

신비주의는 이단이다. 신비주의는 명시적으로 신비주의를 내세우지 않는다. 간접적으로 그 개념만 언급한다. 신비주의는 어느 종교에서든 오래전부터 있었는데 이단으로 취급당했다. 기독교에서는 초기 영지주의자들이 신비주의였다. 예수와 하나님이 같다는 삼위일체론을 인정하지 않고 공식 교리를 받아들이지 않아 이단으로 탄압받고 쫓겨났다. 불교에서는 선종이 신비주의 색채가 강한데 이단으로 탄압받지 않고 불교 내 한 종파로 살아남았다.

내가 속하는 곳이 없다는 것과 어딘가 속한다는 것 사이에는 큰 차이가 있다. 내가 신비주의자임을 알게 된 것은 이후의 삶에 영향을 끼친다. 그전에는 '이런 식으로 살아도 되는가'라는 회의가 있었다면 이제는 '이렇게 살아도 된다'는 확신이 들었다. 이전에는 '이게 과연 맞는가' 같은 의혹이 있었다면 이제는 '이건 많은 신비주의자가 걸었던 길이야'라는 자신감이 생겼다. 주위의 평가가 어떻든 내가 하고 싶은 것을 할 힘은 그 자신감으로부터 나온다.

그 후로는 신비주의에 대한 지식을 넓혀갔다. 신비주의는 서구에서 익숙한 개념이다. 동양에서는 신비주의를 명시적으로 언급하지 않는다. 내가 종교에 몰두하고 경험을 쌓았다 해도 내가 신비주의자임은 알 수 없었을 것이다. 내가 신비주의자라는 자각은 책에서 나왔다.

신비주의에 관한 책도 신비주의 시각에서 세상을 보는 책도 많지 않다. 조금씩 출간되기는 한다. 뉴에이지 분야의 베스트셀러인 닐 도널드 월쉬의 《신과 나눈 이야기》, 《의식 혁명》 등 데이비드 호킨스의 여러 저작, 《연금술사》로 대표되는 파울로 코엘료의 소설 등이 신비주의에 관한 책이라고 할 수 있다.

이런 책들을 대하면서 사고방식을 만들어갔다. 교수이면서 《나는 자기계발서를 읽고 벤츠를 샀다》, 《나는 카지노에서 투자를 배웠다》 같은 책을 쓴 것이 이상해 보일 수 있다. 교수가 카지노를 다니는 것에 대해 대부분이 부정적이었다. 그런데 신비주의 입장에서는 이상한 일이 아니다. 돈을 벌었다고 교수직을 그만둘 필요가 있느냐는 말을 들었지만, 신비주의적 관점에서는 교수직을 빨리 그만둘수록 좋다.

신비주의의 대표 명제 중 하나는 '지식을 통해 신에 가까워진다'다. 이 명제에 의하면 책을 읽고 경험을 쌓는 것은 단순한 지적 활동이 아니다. 신을 추구하고 신에 가까워지는 종교 활동이다. 이런 관점에서 보면 책 읽기는 소중한 일이 된다. 나는 책을 통해 신비주의의 길을 추구하고 있다. 이것이 책이 내 정신세계에 끼치는 가장 큰 영향이다.

3장

책을 읽으면
인생이 바뀌는가

책을 읽으면
경쟁력이 생기는가

책을 읽으면 지식보다는 사고방식에 영향을 준다고 했다. 하지만 사고방식이 달라진다고 다른 사람보다 나아지는 건 아니지 않은가. 사고방식이 변하면 나 자신이 나아진다고 해보자. 그렇다고 해도 그건 시간이 오래 걸리는 일이다. 인터넷 검색을 통해 그동안 몰랐던 지식 하나를 챙기는 게 더 나아지는 길 아닐까.

그런데 그게 그렇지 않다. 지식 측면에서도 인터넷 검색보다 책을 읽는 게 낫다. 우리가 보다 나은 경쟁력을 가지려면 2가지 방법이 있다. 하나는 모두가 하는 것을 더 열심히 해서 그들보다 더 잘하는 것이다. 많은 사람이 토익 공부를 한다. 그러면 나도 토익 공부를 해서 다른 사람보다 더 높은 점수를 받으면 경쟁력이 있다고 인정해준다. 누군가 800점 또는 900점을 받을 때 내가 980점이나 990점을 받으면 영어를 더 잘한다고 인정받을 수 있다.

학교에서 무언가를 잘한다는 것은 이런 것이다. 반 아이들 모두가 국어, 영어, 수학을 한다. 다른 아이보다 국어, 영어, 수학을 얼마나 잘하느냐에 따라 경쟁력이 갈린다. 그렇기에 학생이 경쟁력을 갖추려면 더 노력하는 수밖에 없다. 어떤 아이가 10개를 알 때 나는 11개를 알아야 한다. 어떤 아이가 100개를 알면 나는 110개를 알아야 한다. 이 영역에서는 더 많이, 더 열심히 노력하는 것 말고는 방법이 없다.

경쟁력을 가지기 위한 또 다른 방법이 있다. 다른 사람과는 다른 것을 하는 것이다. 다수가 영어 공부를 할 때 나는 중국어를 한다면 차별성이 생긴다. 만약 중국어를 할 줄 아는 사람이 필요하다면 무조건 내가 선택된다. 다수가 중국어를 공부할 때 일본어를 한다면 이 역시 큰 경쟁력이 된다. 일본과 관련된 일이 생기면 내가 우선이 된다. 주변 사람들이 인문학에 몰두할 때 나 혼자 컴퓨터 프로그램을 짤 수 있다면 경쟁력이 생긴다. 주변 사람들이 컴퓨터 프로그래밍만 할 줄 알 때 나 혼자 철학을 알고 있다면 경쟁력을 가질 수 있다.

학교에서는 다른 사람들과 같은 것을 얼마나 잘하느냐가 경쟁력이다. 하지만 학교를 졸업하고 사회에 나오면 그렇지 않다. 다른 사람들과 다른 것이 경쟁력이 된다. 다른 사람이 하는 것을 더 잘하는 것보다 다른 사람이 하지 못하는 것을 할 때 경쟁력이 생긴다.

책 읽기는 과연 경쟁력이 있을까. 책 읽기가 경쟁력이 있는지 결정하는 것은 책 읽기 자체가 아니다. 다른 사람이 어떤 일을 하는지가 중요하다. 모두가 책을 읽고 있다면 내가 책을 읽는다고 딱히 나아질 게 없다. 이때는 다른 사람들보다 월등히 많은 책을 읽어야 경쟁력이 생긴다. 훨씬 더 노력해야 하고, 그렇게 노력해도 크게 차별화되는 게 없다.

이때는 책 읽기 대신 인터넷 검색이 더 경쟁력 있다. 책을 읽는 사람들보다 훨씬 빠르고 정확하게 자료를 찾을 수 있으니 말이다. 모두가 네이버, 다음, 구글 등에서 인터넷 검색을 할 때 나는 유튜브로 검색한다면 다른 사람들보다 경쟁력이 높아진다.

인터넷 검색이 중요해진 이유는 그 때문이다. 인터넷이 막 알려지기 시작한 초기만 해도 사람들이 인쇄물에서 자료를 찾았지 인터넷을 활용하는 데 익숙지 않았다. 그때만 해도 인터넷에 친숙한 사람만이 인터넷에서 자료를 찾았다. 그러다 너도나도 인터넷 검색, 특히 네이버 검색을 시작했는데 이것이 곧 주류가 되었다.

모두가 네이버 검색을 할 때 유튜브로 검색한 사람들이 나왔다. 네이버 검색 결과는 대부분 문자로 나온다. 관련 이미지 정도가 있을 뿐이다. 유튜브 검색 결과는 대부분 영상이다. 종이접기는 글과 이미지만으로 이해하기 힘들지만 이를 유튜브 영상으로 보면 누구나 따라 할 수 있다.

대부분이 인쇄물로만 자료를 찾을 때 인터넷 검색으로 덕 본 사람이 있고, 사람들이 인터넷 검색만 할 때 유튜브를 활용해서

덕 본 사람이 있다. 유튜브 검색이 대세가 된 지금 유튜브 검색 자체는 차별성이 없다. 이때 다른 사람보다 나아지려면 더 많은 시간을 들여 유튜브를 봐야 한다.

학교에서의 경쟁력은 모두가 하는 것을 내가 더 열심히 잘할 때 생기지만, 사회에서의 경쟁력은 다른 사람들이 하지 않는 것을 할 때 생긴다. 지금은 사람들이 책을 보지 않고 다른 매체로 자료를 찾는 것이 대세이다. 그러면 책을 보는 사람이 보다 쉽게 경쟁력을 가질 수 있다.

정보의 양이나 종류로만 볼 때는 인터넷이나 유튜브 검색이 책 읽기보다 경쟁력 있다. 운동 경기를 예로 들어보자. 인터넷을 검색하면 축구, 야구, 배구, 농구, 미식축구, 유도, 검도, 태권도 등에 대해 알 수 있다. 책으로는 이 모든 운동을 자세히 알기 어렵다. 종류나 유형은 인터넷과 유튜브로 접근하는 게 유리하다.

그런데 한 운동에 관한 책을 읽는 사람은 보다 자세히, 더 깊게 이야기할 수 있다. 모든 사람이 축구에 대해 깊이 1~2의 이야기를 할 때 나 혼자 깊이 5~10의 이야기를 할 수 있다. 다른 사람은 축구 외에 야구, 배구, 농구 등도 알고 있지만, 그건 누구나 안다. 나는 잘 모르지만, 이때 내가 모른다는 건 문제가 되지 않는다. 나만 다른 사람들보다 더 깊이 있게 이야기할 수 있다는 게 중요하다. 모두가 회의할 때는 내가 잘 모른다는 사실은 중요하지 않다. 다른 사람은 모르는 것을 내가 얼마나 할 수 있느냐가 중요하다.

만약 모든 사람이 책을 본다면 모두가 축구에 대해 5~10의 깊이로 이야기할 수 있다. 내가 더 열심히 공부해서 12의 깊이로 이야기해도 별 감흥을 주지 못한다. 이때는 야구, 농구, 배구가 경쟁력이 있다. 야구, 농구에 대해 1~2의 깊이로 이야기하더라도 다른 사람들은 처음 듣는 것이 된다. 그때는 책 읽기보다 인터넷 검색이 더 유리하다.

요즘 사람들은 책을 안 읽는다. 아주 소수만 읽는다. 이런 상태에서 다른 사람과 차별화되는 가장 쉬운 방법은 책을 읽는 것이다. 책을 읽으면 인터넷으로 자료를 찾는 사람들보다 무언가 다른 이야기를 할 수 있다. 책을 읽으면 경쟁력이 생긴다!

책을 읽으면
사회적으로 성공할 수 있는가

책을 많이 읽은 사람 중에 책 읽기에 대해 회의적인 사람이 있다. 열심히 읽었는데 달라지는 게 없다고 느끼기 때문이다. 책을 많이 읽으면 성공하고 돈도 많이 벌겠지라고 생각했는데 아무리 읽어도 달라지는 게 없다.

아는 게 많아졌고 책 읽는 시간도 늘어났는데 실생활에서 달라진 건 없다. 하는 일도 수입도 그대로다. 오히려 책값으로 나가는 돈만 늘고 책 읽느라 다른 것을 즐기는 시간도 줄었다. 책을 읽으면 과연 성공할 수 있을까.

나는 책을 읽으면 성장할 수 있다고 생각한다. 마음의 양식이나 교양의 증대를 넘어서서 사회적으로도 잘될 수 있다고 생각한다. 그런데 마음이 살찌는 것을 넘어서 객관적으로 잘되려면 어느 수준을 넘어서야 한다.

이 사회는 각 분야의 전문가들이 더 잘되려고 날뛰는 곳이다. 이런 곳에서 외면적 성장을 하려면 최소한 일반인이 보기에 전문가적 식견은 갖추고 있어야 한다. 교양을 넓히는 수준의 독서로는 불충분하다. 그것보다 훨씬 더 많은 양의 독서가 필요하다. 즉 사회적으로, 외면적으로 더 성공하기를 원한다면 교양으로 읽는 것보다 더 많은 독서량이 필요하다.

우리 사회는 변호사, 변리사, 회계사 등의 시험에 합격하면 그 분야 전문가로 인정한다. 물론 해당 분야에서는 시험에 합격했다고 바로 실력을 인정해주지는 않는다. 실무 경험을 몇 년 쌓아야 전문가 대접을 해준다. 하지만 일반인은 실무 경험이 없어도 시험에 합격하면 그를 전문가로 생각한다.

변호사, 변리사, 회계사 시험에 합격하려면 책을 얼마나 봐야 할까. 두껍고 어려운 책 몇십 권을 몇 년간 봐야 한다. 다른 일은 하지 않고 그 책들만 하루 8시간 이상 몇 년은 파고들어야 한다. 그 정도는 돼야 전문가가 된다.

변호사, 회계사와 같이 어려운 자격증 말고 쉬운 자격증을 딴다면 그만큼 책을 보지 않아도 된다. 이 사회에는 몇 개월만 책을 봐도 딸 수 있는 자격증이 널려 있다. 그런 자격증은 별 도움이 되지 않는다. 자격증이 있어도 그를 전문가로 인정해주지 않는다. 자격증만으로 취직이나 승진이 되는 것도 아니다. 자격증만 딴 것뿐이다. 몇 개월간 책을 보는 것은 이런 수준에 그친다. 무언가를 많이 알게 되기는 했는데 생활에 큰 변화는 없다.

박사가 되면 그 분야 전문가로 인정받는다. 물론 박사를 딴다고 해서 학계에서 바로 인정받지는 못한다. 학계에서 박사 학위를 받았다는 건 학자, 연구자의 세계에 입문했다는 신참의 표식일 뿐이다. 하지만 일반인이 보기에 박사 학위는 전문가의 징표다.

박사 학위를 받으려면 책과 논문을 읽어야 한다. 어느 정도를 읽어야 박사 학위를 받고 해당 분야의 전문가로 인정받을 수 있을까. 학사, 석사, 박사 과정 내내 전공 서적을 읽어야 한다. 해당 분야의 책과 논문을 적어도 10년은 읽어야 박사 학위 논문을 쓸 수 있고, 그 분야 전문가로 인정받을 수 있다.

대학 때 보는 전공 책 몇십 권으로는 달라지는 게 없다. 그것만으로는 취직도 되지 않는다. 영어 수험서 등 그 외의 책을 더 많이 봐야 간신히 취업이라는 신분 변화가 가능하다.

마찬가지다. 책을 읽어서 그 분야를 잘 안다거나, 교양이 증대된다거나, 마음의 양식이 쌓인다거나 하는 효과는 어렵지 않게 볼 수 있다. 책 몇십 권을 읽으면 그런 효과를 느낄 수 있지만, 그 정도로는 사회적·외면적 변화가 잘 일어나지 않는다. 사회적 변화나 외면적 변화가 일어나려면 그것보다 훨씬 많은 양의 독서가 필요하다. 몇십 권으로는 어림도 없고 한 분야에서 최소한 100권은 읽어야 외면적으로 달라진다는 게 느껴질 것이다.

몇백 권을 읽으면 당장 승진이 되고 고위직이 된다는 뜻이 아니다. 외면이 바뀌지 않는다 하더라도 최소한 주변에서 나를 다르게 본다는 것, 경쟁력 있는 사람으로 본다는 것은 느낄 수 있다. 그럴 수밖에 없다. 몇백 권을 읽으면 사람들이 모여 회의하는 자리에서 다른 사람과 다른 이야기를 할 수 있다. 교양 수준이 아니라 업무 상으로 다른 관점에서 다른 해석을 할 수 있게 된다. 이것은 사회 생활에 도움이 된다.

독서는 사회적으로 성공하는 데 도움이 된다. 여기에는 조건이 하나 붙는다. 사회적으로 성공하는 데 도움이 되는 책을 읽어야 한다는 것이다. 그냥 아무 책이나 읽으면서 사회적 성공에 도움 되기를 바라서는 안 된다.

책을 많이 읽는데 사회적 성공에는 별 도움이 안 된다는 사람 들이 있다. 책을 읽어서 좋기는 한데 사회적으로 나아지는 게 없 다는 사람들에게 무슨 책을 읽느냐고 물어보면 대부분 소설이나 에세이라고 답한다. 마음의 양식이 되는 고전을 다독하는 사람들 도 있다.

소설 좋다. 내 인생에 영향을 끼친 책에는 항상 소설이 들어간 다. 감동을 주고 어떻게 살아야 하는지 지침도 준다. 삶과 다른 사 람의 생각을 좀 더 이해할 수 있게 해준다. 소설을 읽으면 마음의 양식이 쌓인다. 나도 그동안 몇백 권을 읽었다. 소설의 가치는 충 분히 인정할 수 있다.

소설이 좋기는 하지만 사회적 성공에 도움이 되지는 않는다. 소 설은 마음의 양식이지 사회적 성공의 양식은 아니다. 물론 소설가가 되려 한다거나 문학 영역에서 일하(려)는 사람에게는 소설이 사회적으로도 영향을 줄 수 있다. 하지만 일반인에게는 아니다. 마음의 양식이 되는 책과 사회적으로 나아지는 책은 차이가 있다. 에세이도 마찬가지다. 읽으면 다른 사람의 생각과 삶을 알게 된다. 에세이는 감동을 주기는 하지만 사회적으로 큰 도움이 되기는 힘들다.

사회적 성공을 하려면 그런 쪽에 도움이 되는 책을 읽어야 한다. 변호사가 되려면 아무 책이 아니라 법률 서적을 봐야 한다. 물론 법률책'만' 볼 필요는 없다. 읽고 싶으면 다른 분야의 책을 봐도 된다. 하지만 변호사 자격증을 따려면 법률책을 읽어야 한다. 박사 학위를 받으려면 전공 분야의 책을 주로 봐야 한다. 사회적으로 도움을 받으려면 범위를 맞추는 독서가 필요하다. 자기 업무 분야나 그 인접 분야에 보다 초점을 맞출 필요가 있다.

책을 읽어도 외면적이고 사회적인 변화가 없다고 느껴지면 이 2가지를 돌아봐야 한다. 사회적 변화가 일어날 만큼의 양을 읽었는가. 사회적인 변화를 하려면 내 마음과 생각이 달라졌다고 느끼는 것보다 훨씬 더 많이 읽어야 한다. 마음의 변화가 먼저이고 사회적 변화는 그다음이다. 그 정도 수준까지 읽었는지 자문해보자.

또 내가 어떤 책을 읽는지 돌아보자. 마음의 양식이 되는 책을 읽는지, 사회적 변화를 이끌 책을 읽는지 돌이켜보자. 한쪽만 읽으면 부작용이 발생한다. 섞어서 읽되 사회적 변화와 관련된 책에 보다 초점을 맞춰야 한다.

3

창의성은
어떻게 계발할 수 있을까

대학 3학년 때쯤 어느 전공 수업에서 당시 승승장구하던 일본의 경제 성장 요인을 주제로 한 리포트를 과제로 내줬다. 지금은 중국의 경제 발전이 주요 이슈이지만 당시는 일본이 이슈였다. 이 과제를 내주면서 교수가 한 말이 있다.

"여러분이 새로운 내용을 쓸 수는 없을 거고 리포트를 쓸 때 무엇을 참고했는지 참고문헌은 제대로 적어달라. 어떤 책에서 그런 내용이 나왔는지는 알게."

교수의 이 말에 학생들이 반발했다. 고학년 전공 수업에서 새로운 내용을 쓸 수 없다고 단정 짓는 게 못마땅했던 것이다. 그래서 나는 경제학 전공 수업이나 경제 관련 기사에서는 들을 수 없는 일본 발전 요인에 대해 써보기로 마음먹었다. 당시 일본 경제 발전의 주요 축인 전자 산업과 기계 산업이 발전하는 데 '일본 만화'가 큰 영향을 끼쳤다는 주제로 썼다.

서양에서 로봇은 부정적인 이미지다. 로봇이 발전하다가 인간을 지배할 것이라는 인식이 있다. 로봇에 부정적이니 적극적으로 개발하지 않고 로봇이나 기계가 인간을 대체하는 데 반대한다.

하지만 일본에서는 로봇에 긍정적인 이미지를 가지고 있다. 로봇은 인간의 친구라는 이미지가 강하고, 로봇이 인간의 업무를 대신 수행하는 데 부정적인 느낌이 없다. 그래서 일본은 로봇손과 로봇 기계를 발전시키고 있고, 이것이 일본 전자·기계 산업의 발전을 선도하고 있다.

로봇 이미지가 서양에서는 부정적인데 일본에서 긍정적인 이유는 무엇일까. 서양 최초의 로봇은 프랑켄슈타인이다. 인간처럼 말하고 행동할 수 있도록 만들어놨더니 나중에 인간을 공격한다.

일본 최초의 로봇은 아톰이다. 인간의 친구이고 인간을 도와 악을 물리친다. 이후에 등장하는 도라에몽, 마징가Z 등 유명한 로봇 만화의 캐릭터들도 모두 인간의 친구이고 인간을 돕는 존재들이다. 그러니 일본인은 어려서부터 로봇에 긍정적이다. 만화 덕분에 일본은 로봇에 대해 부정적인 느낌이 없고, 그래서 로봇을 적극적으로 개발하고 산업 현장에서 이용한다.

아톰, 도라에몽, 마징가Z 등의 만화 캐릭터가 일본 전자 산업의 경쟁력이라는 건 들을 수 없는 이야기였다. 어떤 언론에도 일본 경제 관련서에도 언급되지 않았다. 나는 이것을 리포트로 쓰며 스스로 창의적이라고 생각했다. 그런데 이것이 내가 생각해낸 걸까. 그렇지 않다. (당시 내가 읽었던) 어떤 일본 에세이의 한 대목에 나온다. 내가 새로운 이야기를 하기는 했는데, 다른 책에서 언급한 거였다. 교수의 말이 맞았다. 대학생이 새로운 이야기를 하기는 쉽지 않다.

이후 석·박사 과정을 밟으면서 그동안 다른 사람이 하지 않은 새로운 생각과 창의성을 발휘한다는 게 얼마나 어려운 일인지 깨닫게 되었다. 석사 수준에서도 새로운 이야기는 만들지 못한다. 아무리 우수한 석사 논문이라 해도 기존 학자들이 한 것을 검증하는 수준이다.

학계에서 새로운 것은 박사 논문이다. 대학 4년, 석사 과정 2년, 박사 과정 5년 정도를 하면(한 분야를 10년 넘게 공부하면) 그 분야에서 새로운 이야기를 하나 정도 할 수 있게 된다.

새로운 이야기라고 하지만 기존 이야기와 다른 것도 아니다. 기존 이야기와 다른 것을 하면 세계적 석학이 된다. 대부분 박사는 기존 이야기에서 조금 변형된 이야기를 하고 박사 학위를 받는다. 다른 사람과 다른 창의적인 이야기를 한다는 것은 좀처럼 힘들다.

창의적이기 힘든 이유는 간단하다. 창의적이려면 기존과는 다른 것을 이야기해야 한다. 그러려면 기존에 무엇이 있는지부터 알아야 한다. 새로운 맛을 만들어내려면 기존의 맛이 어떤지 알아야 하고 새로운 기술을 만들어내려면 기존 기술을 알아야 한다.

그런데 이 과정이 힘들다.

기존 학자들이 무슨 말을 했는지 알아내는 데만도 몇 년이 걸린다. 기존의 맛이 어떤지 알려면 그 음식들을 다 먹어봐야 한다. 우리는 몇십 년간 매끼 음식을 먹어왔지만, 이 정도만으로 새로운 맛을 만들 수 없다. 따로 음식을 찾아서 먹어보고 분석하고 연구해야 한다. 기존 기술에 무엇이 있는지 알려면 최소한 대학에서 전공하고 그 후에도 별도의 노력을 기울여야 한다.

어떤 분야에서 창의적이기는 힘들다. 그 분야에서 그동안 쌓아올린 것들을 다 익혀야 하기 때문이다. 그러기 전에 새로운 이야기를 하는 더욱 힘들다. 어떤 이야기를 해도 누군가가 한 것일 가능성이 크다.

그런데 편법이 있다. 기존의 것을 다 알지 않아도 어떤 분야에서 새로운 이야기를 할 방법이 있다. 다른 분야의 것을 가져오는 것이다. 경제 분야에서는 경제 분야의 전통적인 이야기가 있다. 이 이야기를 다 알아야 새로운 이야기를 할 수 있는데, 기존 이야기를 아는 것 자체가 쉽지 않다. 어떤 이야기를 해도 누군가 먼저 한 것이기 때문이다.

이때 심리학에서 이야기를 가져오면 어떨까. 심리학에서는 당연한 이야기이지만, 경제학에서는 처음 듣는 이야기다. 경제학계에서는 아무도 하지 않은 새로운 이야기를 하는 창의적인 사람이 된다. 법 이야기를 해도 경제학에서는 참신하고, 사회학 이야기를 해도 참신하다.

최근 경제학에서 각광받는 행동경제학은 그렇게 나왔다. 경제학자들이 경제학을 연구하다가 나온 게 아니라 심리학자가 심리학 논문을 경제학에 접목해 나온 게 행동경제학이다. 찰스 다윈은《종의 기원》으로 생물학에서 가장 창의적인 사람이 되었다. 《종의 기원》은 생물학만 연구해서 나온 게 아니다. 경제학의 시장경제 원리를 생물학에 적용한 것이다.

정말로 하늘 아래 새로운 것을 만들어내는 창의적인 사람이 되기는 어렵다. 하지만 어느 한 분야에서 창의적인 건 상대적으로 쉽다. 다른 분야의 지식을 가져오면 된다. 다른 분야에서 어느 정도 지식을 얻고, 그걸 자기 분야에 적용하면 자기 분야에서는 그동안 아무도 하지 않은 이야기를 할 수 있다.

창의적인 사람은 다른 분야에 대해 알고 그 분야의 지식을 자기 업무에 가져오는 사람이다. 자기 분야만 파고들어 창의적인 사람이 되는 게 불가능한 건 아니지만 어려운 일이다. 다른 분야를 자기 분야에 접목하면 자기 분야에서는 보다 창의적인 사람이 될 수 있다.

그렇다면 다른 분야에 대한 지식은 어떻게 얻을 수 있을까. 방법은 2가지뿐이다. 다른 분야의 사람을 만나 이야기를 듣는 것, 아니면 다른 분야의 책을 읽는 것이다. 난 사람을 만나 이야기를 듣는 게 더 효과적이라고 본다. 그런데 만남 자체가 쉽지 않다. 만나게 되더라도 피상적인 이야기나 잡담을 하게 되지 실제 그 분야의 대화를 나누지는 않는다.

지속적으로 다른 분야에 대한 지식을 얻을 방법은 책밖에 없다. 다른 분야의 책을 읽는 것이야말로 창의성을 키울 수 있는 가장 좋은 방법이다. 한 분야가 아니라 다양한 분야의 책을 읽는 사람, 창의적이라고 인정받는 사람은 그런 사람이다.

책, 얼마나 읽어야
인생에 도움이 될까

대체 얼마나 책을 읽어야 실제적인 변화를 경험할 수 있을까. 다이어트를 생각해보자. 다이어트를 하루 했다고 살이 빠지지는 않는다. 굶는 게 아니라면 최소 한 달은 해야 효과가 나오기 시작한다. 살이 빠졌다고 말할 수 있으려면 몇 달은 지속해야 한다. 다이어트가 성공했다고 해서 그것으로 끝나는 것도 아니다. 요요 현상을 주의해야 한다. 결국은 다이어트를 꾸준히 해야 원하는 몸무게를 유지할 수 있다.

다이어트는 몸을 변화시키는 것이고 책은 마음을 변화시키는 것이다. 하루 이틀로는 몸이든 마음이든 변하지 않는다. 꾸준히 다이어트를 해야 몸이 변하는 것처럼 책도 꾸준히 읽어야 마음에 영향을 끼친다. 그런 변화를 느끼려면 책을 얼마나 꾸준히 읽어야 할까. (다이어트 효과가 사람마다 다르듯 책 읽기의 효과도 사람마다 다르다는 점을 우선 언급한다.) 내가 판단하는 기준은 이렇다.

한 분야의 책을 2~3권 읽으면 그 분야에 대해 좀 아는 듯한 기분이 든다. 어디서 그 분야의 이야기를 들으면 이해도 된다. 즉 한 분야의 책을 몇 권 읽으면 그 분야에 대해 들었을 때 이해할 수 있게 된다.

한 분야의 책을 10권 이상 읽으면 다른 사람에게 그 분야를 설명할 수 있다. 듣고 이해하는 것과 스스로 다른 사람에게 말을 할 수 있는 것은 다르다.

시험 문제로 비유하면 듣고 이해하는 것은 객관식 문제를, 다른 사람에게 설명할 수 있게 되는 것은 주관식 문제를 풀 수 있게 된다는 뜻이다. 시험이 객관식인가 주관식인가 하는 문제는 공부량에 큰 차이를 만든다. 객관식 문제는 대강 알아도 풀 수 있지만, 주관식 문제는 제대로 알아야만 풀 수 있다.

사람에 따라서는 10권이 아니라 몇 권만 읽어도 다른 사람에게 말할 수 있다. 그 분야의 지식을 가지고 있는 경우다. 그게 아니면 타고난 이야기꾼이라서 몇 권 읽은 지식으로도 다른 사람들에게 전달할 능력이 있는 경우다.

하지만 몇 권 읽고 다른 사람 앞에서 아는 척은 하지 않는 게 좋다. 그 분야를 모르는 사람이라면 귀 기울일 수 있지만, 그 분야를 좀 아는 사람에게 책 몇 권의 지식은 바닥을 드러낸다. 상대방은 이 사람이 책 몇 권 읽고 하는 이야기임을 바로 알 수 있다.

한 분야의 책을 10권 이상 읽으면 그 분야에 대해 다른 사람에게 이야기할 수 있는데 여기에는 함정이 있다. 이야기를 할 수 있기는 한데 그건 자기 이야기나 생각이 아니다. 책의 내용을 그저 옮길 뿐이다. 스스로는 자기 것이라고 생각할 수 있지만 그렇지 않다. 내용을 조금 각색해 전달할 수는 있지만, 책 속 개념을 전달하는 수준이다. 한마디로 자기 생각이 아니다.

이는 10권 정도 읽고 만들어진 생각은 창조적인 게 아니라 모방한 생각임을 뜻한다. 기존의 이야기일 뿐 새로운 게 아니다. 한 분야의 책을 10권 정도 읽으면 아는 것 같은 생각이 든다. 하지만 그건 기존의 지식을 받아들인 것일 뿐 창조적인 나만의 이야기는 아니라는 점을 꼭 기억해야 한다.

한 분야의 책을 100권 읽으면 그 분야에 대해 자기 자신의 이야기를 할 수 있다. 다른 사람이 어떻게 보는지 알 수 있고 그에 더해 자기는 어떻게 생각하는지 말할 수 있다. 기존에 없는 차별화된 이야기를 할 수 있게 된다는 말이다.

그래서 한 분야에 관해 책을 쓴다고 할 때 기준이 되는 독서량이 100권이다. 한 분야의 책을 100권 읽으면 그 분야의 책을 쓸 수 있다. 진화론 관련 책을 100권 읽으면 진화론 책을 쓸 수 있고, 경제 발전에 관한 책을 100권 읽으면 그 주제의 책을 쓸 수 있다. 기존의 내용을 나름대로 설명할 수 있고 새로운 관점이나 지식도 제공할 수 있다.

물론 어느 분야에서 실무를 하는 사람이라면 100권을 읽지 않아도 자기 이야기를 할 수 있다. 마케팅 업무가 직업인 사람은 마케팅 책을 읽지 않아도 마케팅에 대한 자기 이야기를 할 수 있다. 하지만 해당 분야에서 직접 지식과 경험을 쌓지 않았다면 100권이 그 분야에 대해 말할 수 있는 기준이 된다고 볼 수 있다.

한 가지 짚고 넘어가자. 한 분야의 책을 100권 이상 읽으면 (책까지 쓸 수 있을 만큼) 전문가적 식견은 얻을 수 있지만 그렇다고 전문가는 아니다. 즉 그 분야에 대해 자신만의 식견을 가질 수 있고 전문가처럼 그 분야에 대해 이런저런 말을 할 수 있지만, 진짜 전문가는 아니다.

진짜 전문가가 되려면 책만 읽어서는 안 된다. 전문가가 되기 위한 기본 조건 중 하나는 생산해야 한다는 점이다. 독서는 지식을 소비하는 것이다. 아무리 책을 많이 읽어도 그건 지식의 소비자로서 지낸다는 것이다. 전문가가 되려면 그 분야의 지식을 생산해야 한다. 지식의 세계에서 전문가는 석·박사 학위를 받는 것이다. 즉 논문을 써야 한다.

아무리 관련 책과 논문을 많이 읽어도 그것만으로는 전문가 취급을 해주지 않는다. 논문을 써야만, 즉 새로운 지식을 생산해야만 전문가로 인정받을 수 있다. 프로그램을 만들어야 프로그램 전문가가 될 수 있으며, 상품을 만들어야 상품 기획 전문가가 된다. 영화에 대해 이런저런 비평을 하는 사람은 많다. 하지만 아무리 많은 영화를 보고 이야기한다고 해서 전문가 대접은 받지 못한다. 영화 제작 관련 업무를 하거나 영화 평론을 제대로 써서 발표해야 영화 전문가가 된다.

우리가 책을 읽는 이유는 그 분야의 전문가가 되기 위함이 아니다. 전문가는 자기 업무 분야만 잘 알면 충분하며, 책은 전공 관련 분야나 그 외의 분야에 대한 지식을 얻는 데 도움을 준다.

책을 읽어서 얻는 지식의 깊이는 알고 있자. 몇 권을 읽으면 들어서 아는 데 도움을 준다. 10권 이상 몇십 권을 읽으면 다른 사람에게 말할 수 있는데 창조적인 것은 아니다. 100권 이상 읽으면 자기만의 이야기를 할 수 있지만 스스로 전문가로 생각해선 안 된다. 전문가가 되기 위해서는 이를 기반으로 무언가를 생산해내는 게 필요하다. 이 기준으로 평가해보면 자신이 어느 단계인지 알 수 있다.

5

일신우일신이 아니라
양자도약

책을 읽다 보면 '왜 책을 읽어야 하나' 같은 회의감이 들 때가 있다. 책을 읽으려면 비용이 수월찮게 든다. 사는 데는 돈이, 읽는 데는 시간과 에너지가 필요하다. 이렇게 비용을 들여 책을 읽는데도 나아지지 않는다. 책을 많이 읽으면 삶이 더 좋아질 것으로 기대했는데 아무리 읽어도 달라지는 게 없다.

처음 읽을 때는 지식이나 감동 측면에서 얻는 게 상당하다. 하지만 시간이 지나면 읽어도 더 알게 되는 게 별로 없는 것 같다. 노력은 더 많이 하는데 보상은 더 적어진다. 이러면 책 읽는 게 무슨 의미가 있냐는 의문이 들기 시작한다. 그 돈과 시간과 에너지로 다른 걸 하는 게 낫겠다는 생각도 하게 된다.

노력에 대한 보상은 어떤 식으로 주어질까. 성과가 나타나는 방식에는 크게 '일신우일신 방식'과 '양자도약 방식'이 있다.

고대 중국에서 요임금, 순임금, 탕임금은 성군으로 불렸다. 요임금 시대와 순임금 시대를 합해 요순시대라 한다. 중국 역사에서 최고의 태평성대로 꼽히며 백성이 정치에 신경 쓰지 않고도 잘살수 있었던 시대였다. 탕임금은 중국 초기 국가인 상나라를 세운 인물이다. 훌륭한 인격으로 유명한 탕은 요순시대를 이어 태평성대를 만들어냈다.

탕임금은 자기계발을 위해 노력을 기울였다. 탕임금의 이런 노력을 일컫는 말이 '일신우일신日新又日新'이다. 매일 노력해서 매일 새로워진다는 의미다. 어제와 다른 오늘을, 오늘과 다른 내일을 만들기 위해 노력한다. 제자리에 머물지 않고 나아가기 위해 매일 노력한다. 하루하루 노력해서 하루하루 달라진다. 그렇게 매일 달라지면 큰 성과를 얻을 수 있다는 것이 일신우일신의 의미다.

온라인 게임에서의 보상이 일신우일신의 대표 예다. 게임은 시간을 투자하면 그 효과가 나타난다. 시간을 들여 게임을 하면 레벨 업이 되고 진도가 나간다. 내가 무언가를 했는데 달라지는 게 느껴지면 그 일을 계속할 수 있다. 레벨이 오르고 실력이 느는 게 눈에 보이기에 재미를 느끼며 몰두할 수 있다.

일신우일신 방식과 대척점에 있는 게 양자도약Quantum leap 방식이다. 이 세상은 원자로 구성되어 있다. 원자에는 원자핵이 있고 원자핵 주위에는 전자가 돌고 있다. 이 전자는 자기가 가지고 있는 에너지 수준에 따라 다른 원을 그린다. 에너지가 1인 전자는 핵 가까이에서, 에너지가 2인 전자는 핵에서 떨어져 원을 그린다. 태양 주위에 지구, 화성, 목성이 돌 듯이 자기 궤도를 가지고 핵 주변을 돈다.

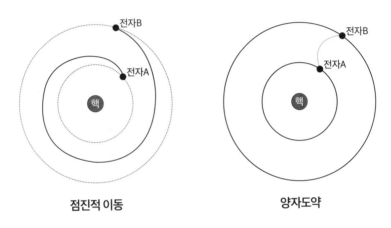

점진적 이동   양자도약

만약 안에 있는 전자의 에너지가 1.2, 1.4, 1.6으로 증가하면 어떻게 될까. 상식적으로는 1.2일 때 1보다 더 멀리서 돌고, 1.4일 때는 1.2보다 더 멀리서, 1.6일 때는 그보다 더 멀리서 크게 원을 그릴 것 같다. 에너지가 1 → 1.2 → 1.4 → 1.6 → 1.8 → 2.0 방식으로 증가하면 궤도도 A에서 B로 점진적으로 이동할 것 같다. 하지만 그렇지 않다.

전자는 A에서 바로 B로 이동한다. A궤도를 도는 전자와 B궤도를 도는 전자는 있지만, 그 사이를 도는 전자는 없다. 1.2, 1.4, 1.6, 1.8의 에너지를 가진 전자는 1의 에너지를 가진 전자와 같은 궤도를 돈다. 그러다가 에너지가 2가 되는 순간 A에서 B로 이동한다.

전자는 A에서 B 사이를 선형적으로 궤도 변경을 하지 않는다. 한 순간에 A에서 B로 도약한다. 이것이 양자도약이다.

양자도약 방식으로 성과가 증가할 때는 노력한다고 해서 달라지는 게 없다. 전자 에너지가 1일 때는 맨 아래 궤도를 돈다. 이때 노력해서 에너지를 1.2, 1.4로 만들어도 변화가 없다. 1일 때와 똑같은 궤도를 돌뿐이다. 1.6, 1.8이어도 변화가 없다. 그러다가 에너지가 2가 되는 순간 다른 궤도로 올라간다. 1.9에서 2.0으로 에너지가 변하는 순간 외형적 변화가 발생한다. 이때의 외형적 변화는 크다. 이전과 다른 수준이 되어버린다.

이런 식으로 실력이 변하는 대표적인 예가 외국어 공부다. 영어 단어를 오늘 외우고 내일도 외우고 그렇게 일주일 내내 외운다. 한 달 동안 열심히 공부를 했는데 토익 시험을 보면 점수가 이전과 똑같다. 그래도 포기하지 않고 공부하다 보면 어느 순간 높은 점수가 나온다. 토익 점수는 시험 볼 때마다 700, 720, 740, 760 방식으로 오르지 않는다. 700점 근처였다가 어느 순간 800점이 넘게 나온다. 이게 양자도약 방식이다.

그렇다면 책 읽기의 성과는 일신우일신 방식으로 나타날까 양자도약 방식으로 나타날까. 두말할 필요 없이 양자도약 방식이다. 책을 몇 권 읽었다고 책을 몇 달 읽었다고 더 나아지는 건 없다. 하지만 변화가 없는 게 아니다. 내부 에너지는 점점 증가하고 있다. 1의 궤도를 돌고 있지만, 에너지는 1.2, 1.4, 1.6으로 증가하고 있다. 그렇게 책을 읽다 보면 어느 순간 2의 에너지가 되고, 보다 높은 궤도로 올라가 있는 자신을 발견하게 된다. 이전과 달라진 자신을 자각하게 된다.

이 세상은 에너지 보전 법칙이 작용한다. 노력은 배신하지 않는다. 다만 양자도약을 할 정도로 에너지가 쌓였느냐가 문제다. 책 읽기는 양자도약의 세계다. 효과가 없는 것 같더라도 꾸준히 읽다 보면 달라진다.

6

책만 보다가
백면서생이 되는 건 아닐까

책을 많이 읽는 것에 대해 부정적으로 보는 견해 중 '책만 읽으면 세상 물정 모르게 된다'는 말이 대표적이다. 세상이 어떻게 돌아가는지 모르는 순진한 사람, 백면서생이 된다는 것이 다독하는 사람에 대한 주된 비판이다.

책을 읽으려면 시간이 필요하다. 그만큼 밖에 나가서 다른 사람을 만나고 세상사에 부대낄 시간이 줄어든다. 다독하는 사람은 세상에 대한 경험이 적을 수밖에 없다. 그러면 책을 많이 읽는 사람은 세상 물정 모르는 순진한 사람이 될까.

나는 책을 많이 읽으면 세상 물정 모른다는 비판을 들으면 이런 생각부터 든다. '이 사람은 어릴 때 동화책, 학생 때 교과서 말

고는 읽은 책이 없구나. 책을 읽었더라도 다른 사람이 읽으라는 추천도서나 교양서만 읽었구나.'

난 책을 많이 읽는 사람에 속한다. 인터넷서점 알라딘, 예스24에서는 책을 아주 가끔 사는데도 플래티넘 회원이다. 책을 주로 주문하는 교보문고에서는 플래티넘을 넘어 프레스티지 회원이다. 프레스티지 회원 자격을 유지하려면 1년에 일정 금액 이상 구매해야 하는데, 그 기준을 매년 2월이 가기 전에 넘어선다. 즉 평균적인 사람들보다, 독서계에서 프리미엄 고객들보다 훨씬 많은 책을 사고 읽는다는 뜻이다. 단순한 프레스티지 회원이 아닌 것이다.

그렇다면 다독하는 사람을 만나면 취미가 같은 사람들이 그렇듯 반가워할까? 그렇지 않다. 나는 책을 많이 읽은 사람을 경계한다. 그가 좋은 사람일 수도 있지만 나쁜 사람일 수도 있으니 말이다. 그가 그냥 나쁜 사람이라면 나쁜 사람으로 끝나지만, 책을 많이 읽은 나쁜 사람이라면 이야기가 다르다. 특히 조심해야 할 사람이다.

책을 많이 읽는 사람이 순진하다고 보는 것은 책에는 좋고 아름다운 내용만 있다고 생각하기 때문이다. 어려서 읽은 동화가 그렇다. 책은 미담으로 가득 차 있고 항상 해피엔딩이다. 권선징악 이야기만 읽으면 물정 모르는 순진한 사람이 될 수밖에 없다.

교과서에는 '이래야 한다', '이게 맞다'라는 내용만 있다. 그래서 교과서만 읽으면 세상이 규칙대로 이상 없이 움직인다고 생각하게 된다. 문제가 있더라도 교과서적 대응으로 치유될 수 있다고 생각한다. 실제 사회가 어떻게 움직이는지 모르고 교과서만 볼 때 나타나는 오류다. 교과서나 전공 서적만 읽은 사람은 그렇게 되기 쉽다. 공부만 잘하는 사람은 사회에서 별 필요 없다는 말은 그래서 어느 정도 타당성이 있다.

그런데 동화책, 교과서, 전공 서적은 전체 책의 영역에서 적은 부분을 차지한다. 대형서점에 가보라. 이런 유의 책은 전체 책에서 몇몇 코너만 채울 뿐이다. 대형서점은 세상이 어떻게 돌아가고 있는지 말해주는 책으로 가득하다.

사기 범죄 책도 참 많다. 이 책들이 대놓고 사기 치는 법을 알려주는 건 아니다. 하지만 범인이 어떻게 사기를 쳤고, 어떻게 잡혔는지에 대해서는 이야기한다. 실제 사기 사건을 다룬 책도 있고, 사기를 주제로 하는 소설도 있다. 이런 책을 몇십 권 넘게 읽어보라. 현실에서 사기꾼이 어떻게 사기를 치는지, 또 경찰은 그들을 어떻게 잡았는지 알게 된다. 그 정도 지식이 있으면 본인이 사기를 칠 수도 있다. 무엇을 조심해야 경찰에 잡힐 확률이 적은지도 알 수 있다.

한 분야의 책을 100권 읽으면 그 분야의 전문가적인 식견을 가질 수 있다고 했다. 사기 범죄 책 100권을 읽으면 진짜 사기 전문가에는 미치지 못하겠지만 사기꾼의 지식과 식견을 가질 수 있다. 마음만 먹으면 보다 쉽게 사기꾼이 될 수 있다는 말이다.

도박 책도 많다. 도박 게임의 종류와 플레이 방법은 물론 승리 전략까지 다룬다. 전 세계의 도박장과 카지노를 다룬 책도 있다.

카지노에서 어떻게 사기도박이 이뤄지는지, 필리핀 카지노에서 돈을 빌렸다가 어떤 일을 당했는지 같은 접하기 쉽지 않은 내용을 만날 수 있다. 우리나라는 도박이 불법인데, 어떻게 하면 경찰을 피해 도박을 할 수 있는지를 다룬 책도 있다. 물론 그게 주제인 책은 없지만, 도박 관련 책에는 그런 내용을 주로 다룬다. 책을 많이 읽으면 자연스럽게 그에 대한 정보가 쌓여간다.

살인할 때 어떻게 해야 하는지, 어디를 베어야 사람이 죽는지 등도 책에 나와 있다. 경찰이 수사할 때 어디에 초점을 두고 어떻게 추적하는지도 나와 있다. 결정적인 부분은 빠져 있지만 어설픈 사람에게 듣는 것보다는 훨씬 자세히 알 수 있다. 살인과 관련한 책을 몇십 권 읽은 사람이 살인하려고 나서면 일반인보다 훨씬 더 치밀하게 완전범죄를 꿈꿀 수 있다.

동화책만 100권 읽은 사람은 여전히 꿈나라에서 살 수 있다. 교과서만 100권 읽은 사람은 책으로만 세상을 본다. 이런 사람들은 세상 물정 모른다고 할 수 있다. 책에는 요정이나 구구절절 옳은 이야기만 있는 게 아니다. 사람들이 몇천 년간 벌여온 온갖 나쁜 짓도 쓰여 있다.

나쁜 사람, 사기꾼, 폭행범 등의 이야기도 수두룩하고 고문을 자행하고 상대방을 괴롭힌 이야기도 차고 넘친다. 정부와 국가가 어떤 나쁜 짓을 해왔고 어떻게 국민을 괴롭혔는지, 국민이 어떻게 이에 대응해 싸워왔는지도 다루고 있다. 이런 것에 대한 지식이 있는 사람이 순진할 리 없다. 그런 그가 언제 악인으로 변해서 그동안 읽고 배운 지식을 실제로 써먹을는지 알 수 없지 않은가.

유명인 중에는 독서가가 많다. 나폴레옹은 어떻게 적을 많이 죽이고 싸움에서 이길 수 있는지를 다룬 책을 많이 읽었다. 그는 그 지식을 바탕으로 유럽을 정벌하고 황제 자리까지 올라간다. 빌 게이츠가 책을 많이 읽었다 해서 착한 사람이라고 생각해서는 곤란하다. 마이크로소프트는 그가 CEO일 때 경쟁 기업에 무자비한 것으로 악명이 높았다. 경쟁 기업을 억누르고 괴롭히는 그의 지식은 어디서 얻었을까. 책이었다고 하는 게 맞을 것이다.

나는 책을 연구실에 보관하고 있다. 가끔 이곳에 아이들이 오곤 하는데 조심스럽다. 아이들이 어려서부터 책이 있는 환경에 노출되면 좋다고 생각할 수 있지만, 이 책 중에는 아이들이 읽어서는 곤란한 내용도 적지 않기 때문이다.

책은 이 세상의 악하고 부정적인 측면을 가장 쉽게 접할 수 있는 매체다. 책을 많이 읽으면 순진할 거라고 생각하는 건 책의 내용이 어떤지 모르는 순진한 생각일 뿐이다.

4장
나의 책 읽기

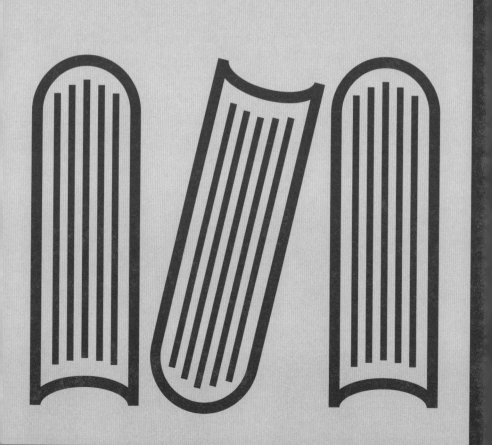

1

하루 1권 읽기에 관하여 ①

1장에서 하루 한 가지 새로운 경험과 지식을 쌓는 것이 자기를 변화시키는 하나의 방법이라고 했다. 하루 한 가지 새로운 것을 얻는 데 가장 좋은 방법은 하루 1권 읽기다. 책은 하나의 주제와 스토리로 구성된다. 그러니 1권을 하루에 읽으면 하루에 한 가지 얻기를 구현할 수 있다. 물론 책에는 주제 외의 다른 이야기도 많다. 1권을 다 읽지 않아도 얻는 것이 있다. 따라서 하루에 1권을 꼭 다 읽지 않더라도 하루 한 가지 새로운 것을 얻을 수 있다.

하지만 하루에 1권을 읽으면 더 높은 차원에서 하루 한 가지를 얻을 수 있다. 그래서 가능하다면 하루에 1권 읽기를 추천한다. 내가 하루 1권 읽기를 통해 한 단계 높은 성장을 경험해서다.

가끔 독서법 책을 읽다 보면 하루에 1권 읽기가 가능한지가 나오곤 한다. 하루 1권이 가능하다는 사람도 있고 말도 안 된다는 사람도 있다. 하루 1권 읽기가 불가능하다고 생각하는 건 이해가 된다. 나 역시 하루 1권 읽기는 말이 안 된다고 생각했다가 실제로 하루에 1권을 읽게 되면서 가능한 일임을 알게 되었다.

처음부터 하루 1권 읽기가 가능했던 건 아니다. 1년에 책을 몇 권 읽는지 세기 시작한 시기는 고등학생 때부터다. 고1에 60권, 고2에 30권, 고3에 10권을 읽었으니 3년간 총 100권을 읽은 셈이다. 주로 문고본이었다. 고3 때는 책 읽기가 힘들었다. 대입을 준비해야 했고 학교에서도 수험서 말고 다른 책을 읽으면 압수했다.

대학에 들어가면서 일반 책을 제대로 읽기 시작했다. 그날그날의 주요 일을 메모하는 습관도 이 시기에 형성되었다. 책 1권을 마치면 메모를 남기다 보니 대학 이후에는 책을 읽은 날짜와 내용이 모두 기록되어 있다. 단, 군 복무 동안은 제외다. 그 외의 기간에는 지금까지 언제 어떤 책을 읽었는지 상세히 기록해놓았다.

대학생 때는 일주일에 1권을 목표로 잡고 어떻게든 그 주에 1권을 마치려 했다. 이때 읽는 속도는 1시간에 10쪽이었다. 300쪽이면 일주일에 30시간, 하루에 4시간 이상은 읽어야 했다. 놀아야 할 시간도 부족한데 하루 4시간 독서는 불가능했다.

내용이 어렵고 탄탄한 양서는 일주일에 1권 읽기 힘들다. 대신 가벼운 책이라면 1시간에 수십 쪽을 읽을 수 있다. 얇은 책은 1시간에 10쪽씩 일주일 사이에 다 읽을 수 있다. 그래서인지 이때 읽은 책들은 지금 기준으로 보면 쓸데없다. 그래서 괜찮은 책이면서 나에게 영향을 준 책은 1년에 몇 권 안 되었다. 좋은 책은 거의 한 달에 걸쳐서 읽고 그사이에 간단한 책을 읽으며 어쨌든 일주일에 1권은 채웠다.

대학원생일 때는 1시간에 20~30쪽을 읽었는데 학부 시절보다 책 읽는 속도가 빨라지면서 일주일에 2권 읽기가 가능해졌다. 박사 과정부터는 학술서와 논문집, 일반 책을 합해서 일주일에 3권 정도 읽었다. 책 읽는 속도가 더 빨라지기도 했고, 박사 과정에서는 독서가 거의 직업처럼 되어서이기도 하다. 이때는 논문, 학술서, 보고서 등을 읽는 게 주된 일이었는데 일반 책도 병행해서 읽었다.

난 6년간 박사 과정을 밟았다. 박사 과정 초반에는 일주일에 3권을, 후반에는 4권을 읽었다. 20대 초반에는 일주일에 1권도 벅찼는데 10년이 지나니 일주일에 3~4권은 읽을 수 있게 되었다. 해야 하는 생활이 있는 상태에서 일주일에 4권 읽을 때 이제는 한계라고 생각했다. 아니 그 이상은 읽을 수 없었다! 온종일 책만 읽으며 지낼 수는 없지 않은가. 박사 과정생으로서 프로젝트나 강의 등 해야 할 일들이 있으니 말이다.

그런데 문제가 생겼다. 책은 일주일에 4권을 읽는데 사는 책은 그보다 많았다. 사는 책보다 읽는 책이 적으니 안 읽은 책이 늘어나고 있었다. 당연히 못 읽은 책과 함께 스트레스도 쌓여갔다. 읽어야 하는 책은 쌓여가는데, 일주일에 4권으로는 소화할 수 없었다. 그래서 책을 구매하지 않기로 결심도 했다. 하지만 그것 또한 불가능했다. 한참 동안 서점에 가지 않다가 어쩌다 가게 되면 그간 사지 못했던 만큼 왕창 구매하게 되었다.

2007년 아이디어가 떠올랐다. '하루에 1권씩 일주일에 7권을 읽으면 다 읽을 수 있지 않을까?' 현실은 불가능해 보였다. 하지만 밀린 책을 읽으려면 이 방법밖에 없었다. 그래서 일단 시작해보기로 했다. 쉬운 책의 비중과 책 읽는 시간을 늘렸다. 그렇게 시도해보니 일주일에 7권 읽기가 가능해졌다.

그런데 하루 1권 읽기로도 밀린 책을 읽는 게 불가능했다. 책구매 속도가 덩달아 빨라져서 여전히 읽지 않은 책은 쌓여갈 수밖에 없었다. 그래서 일주일에 7권 읽기가 어렵지 않게 되었을 때 목표량을 늘렸다. 2011년 일주일에 7+2권, 2015년 일주일에 7+3권, 2020년 일주일에 7+4권을 읽게 된다.

20대 초반에는 일주일에 1권을 읽었다. 일주일에 1권 읽기도 힘에 겨워 권수를 채우기 위한 책도 집어 들곤 했다. 꾸준히 일주일에 1권씩 읽다 보니 책 읽는 속도가 빨라졌다. 10년이 지나니 일주일에 3권을, 20년이 지나니 7권을, 30년이 지나니 10권이 넘는 책을 읽게 되었다. 책 읽는 속도는 읽다 보면 점진적으로 늘어난다. 물론 금방 향상되지는 않는다. 이렇게 일주일에 1권에서 하루 1권이 되기까지 20년이 걸린 셈이다.

2

하루 1권 읽기에 관하여 ②

내가 책을 하루에 1권 읽는다고 할 때 주변에서 '거짓말하지 마라', '그런 건 불가능하다'라고 말하는 사람은 없다. 내가 항상 책을 들고 다니는 걸 알고 만날 때마다 책이 바뀌므로 그 정도로 읽는 것을 안다. 일반적으로는 하루 1권 읽기는 불가능하다고 하는 사람이 많다.

하루 1권 읽기가 불가능하다고 말하는 사람의 논리는 2가지다. 400쪽 또는 600쪽짜리 책이 많다. 좋은 책이라 불리는 것들은 400쪽이 넘는 경우가 많다. 이렇게 두꺼운 책을 어떻게 하루에 읽을 수 있을까. 아무리 빨리 읽어도 1시간에 100쪽 이상은 쉽지 않다. 이런 책은 못해도 하루 4시간 이상은 걸린다.

생업이 있는 사람이 매일 하루 4시간 이상을 독서에 할애하는 게 가능한가. 새벽과 저녁 시간을 활용해 하루 4시간을 투자하는 건 가능할 수 있다. 그러려면 생업 외의 다른 활동은 포기해야 한다. 가정이 있으면 더욱 힘들다. 취미 활동에 하루 1~2시간을 할애할 수는 있지만, 4시간 이상은 쉽지 않다. 특별히 하는 일이 없거나 매일 휴일인 사람이나 가능한 일이다.

더 큰 문제는 좋은 책은 1시간에 100쪽씩 읽는 게 거의 불가능하다. 실용서 또는 내용이 많지 않거나 아주 쉬운 책은 빨리 읽는 사람이라면 1시간에 100쪽 정도 읽을 수 있다. 그러나 웬만한 책은 1시간에 100쪽 읽는 게 불가능하다. 철학책은 1시간에 10쪽 읽기도 벅차다. 좋은 교양서도 1시간에 몇십 쪽 읽기가 어렵다. 내용을 이해하고 음미하다 보면 1시간에 10쪽도 못 읽을 수 있다.

이런 책을 어떻게 하루 1권을 읽을 수 있나. 그런데도 매일 하루 1권을 읽는다면 그건 내용의 수준이 낮거나 쓸모없는 책들, 쉽게 페이지를 넘길 수 있는 책들만 읽기 때문이다.

그것도 아니라면 책을 대강 읽어서다. 속독법에 대한 대중의 관심도 적지 않아 보인다. 속독법은 모든 문장을 읽으면서도 빨리 읽는 법이 아니다. 해당 쪽에서 주요 문장만 골라서 읽기, 책 제목을 보고 기본 내용을 알고 난 후 넘어가기, 읽지 않고 인상만 찍는 식으로 쪽수를 넘기기 등을 언급한다.

1시간 안에 책 1권의 페이지를 다 넘겨서 보도록 하는 경우도 있다. 이렇게 읽으면 세부 내용까지는 모르지만, 주요 내용이나 개

넘 등은 파악할 수 있다. 각 문단의 시작과 끝 문장 정도만 읽어도 전체 주요 내용은 파악할 수 있는데, 그런 식으로 책을 읽으면 하루 1권이 가능하다. 하지만 이것이 진짜 책 읽기인가. 수박 겉핥기이고 요약문을 읽는 수준이다. 속독하면서 하루 1권 읽는다고 말하면 곤란하다는 비판이 있을 수밖에 없는 대목이다.

그런데 이렇게 하루 1권 읽기를 제대로 된 독서가 아니라고 비판하는 사람이 간과하는 게 있다. 하루 1권을 읽는다고 할 때 딱 1권만 읽는다고 생각하는 것이다. 어떤 책을 잡으면 그걸 하루에 끝낸다고만 생각한다. 400쪽 이상 되는 양질의 책을 하루에 1권씩 읽는 건 불가능하다. 물론 가능한 사람이 있을지도 모르겠다.

나 역시 책을 많이 읽는 사람이고 직업 특성상 책을 많이 읽는 사람들을 항상 봐왔다. 이 중에서 400쪽 넘는 양서를 하루 2~3시간 안에 읽을 수 있는 능력자는 아직 본 적 없다.

내가 읽는 책에는 400쪽 넘는 양서들도 많다. 내가 하루 1권을 읽는다고 할 때 이런 책까지 포함한 건 아니다. 나는 양서를 1시간에 50쪽 정도 읽는다. 내용이 어려우면 1시간에 30쪽 정도 읽는다. 하루 10시간 정도 쉬지 않고 읽으면 다 읽을 수는 있을 것이다. 그러나 그렇게 시간을 낼 수 있는 날은 어쩌다 하루다. 내가 책 읽기에 할애하는 시간은 하루 3시간 정도다. 이 시간 안에 이런 책을 다 읽는 것은 불가능하다.

난 2~3권의 책을 항상 같이 본다. 10권을 동시에 볼 때도 있다. 600쪽이 넘는 책, 400쪽에 달하는 책, 250쪽짜리 책을 함께 본다. 학술서도 있고 일반 교양서도 있고 실용서, 투자서, 에세이도 있다. 하나를 잡고 보다가 좀 지겨워지면 다른 책으로 바꾼다.

학술이나 일반 교양서는 하루에 몇십 쪽 읽는 게 고작이다. 실용서나 간단한 투자서는 1~2시간에 완독할 수 있다. 에세이는 내용에 따라 편차가 큰데 간단하고 쉬운 것은 1~2시간 안에 읽는다. 1시간에 100쪽 혹은 그 이상 진도가 나가는 것이다. 간단한 책은 하루 1권 이상 읽고 제대로 된 책이나 어려운 책은 일주일에 걸쳐서 읽는다. 하루에 20쪽씩 한 달간 읽기도 한다.

평일에 일이 많으면 하루에 1권을 읽지 못하기도 한다. 평일에는 2~3시간밖에 할애할 수 없지만, 주말에는 많은 시간을 독서에 투자할 수 있다. 이때는 하루 1권이 아니라 3권도 가능하다. 평일에 거의 읽지 못하다가 주말에 5~6권을 몰아보기도 한다.

하루 1권 읽기는 딱 1권을 딱 하루 만에 읽는다는 뜻이 아니다. 하루에 2권 읽기도 하고, 일주일에 1권 읽기도 한다. 1~2시간만에 다 읽기도 하고 일주일이 걸리기도 한다. 내용이 어려워서 한 달 넘게 걸리는 책도 당연히 있다. 이 모든 것을 합하니 평균적으로 하루 1권을 읽는 것이다.

쉽고 간단하고 얇은 책만 읽으면 하루에 1권 읽기가 말 그대로 가능할 수 있지만 '하루 1권'에 매여 이렇게 해서는 곤란하다. 책에서 무언가를 배우는 것, 생각을 바꾸는 것은 대부분 양서에서 나온다. 효과 측면에서 보면 쉽고 간단한 책 10권보다 제대로 된 양서 1권이 낫다.

그렇다고 양서만 읽어도 곤란하다. 책 읽기가 재미가 아니라 공부가 되어버리고 양서만 읽으면 탁상공론 같은 단점이 두드러진다. 한마디로 하루 1권은 어떤 책이든 하루에 다 읽는다는 말이 아니다. 평균적으로 하루 1권이면 된다.

3

톨스토이 《부활》로 알게 된
책 읽기의 진실

　대학생 때 《부활》을 읽기 시작했다. 고등학생 때 명작을 몇 쪽으로 요약 정리해서 쓴 글을 본 덕분에 '카츄샤'라는 주인공 이름 정도는 알고 있었다. 이 책을 읽은 특별한 이유는 없었다. 당시 세계문학을 읽어야겠다고 생각하고 있었다. 톨스토이의 《안나 카레니나》를 읽고 감명을 받은 터라 그의 다른 작품을 찾다가 《부활》을 집어 든 것 같다.

　당시 책 읽는 속도는 1시간에 10쪽 정도였다. 쉽고 간단한 책은 20쪽 정도를, 제대로 된 책은 10쪽이었다. 《부활》도 1시간에 10쪽 정도의 속도로 읽었다. 일주일 읽었을까. 100쪽 정도 읽다가 포기했다. 분량이 많아서 그대로 읽으면 한 달 넘게 걸릴 거라는 것도 문제였지만, 아무리 오래 걸려도 재미만 있으면 읽었을 것이다.

그런데 《부활》은 재미가 없었다. 무슨 내용인지 이해도 되지 않았다. 100쪽을 읽었는데 앞부분은 잊어버렸다. 앞부분이 생각나지 않으니 지금 읽는 부분과 연결이 되지 않았다. '《안나 카레니나》는 좋았는데 《부활》은 별로네'라면서 《부활》을 내려놓았다.

입대를 했다. 상병이 되면서부터 쉬는 시간과 업무가 없는 시간에 도서관에서 책을 읽을 수 있었다. 이때는 휴가 때마다 집에서 책을 싸 들고 왔다. 이 책들을 다 읽으면 그다음에 읽을 책이 없다. 쉽고 간단한 책을 가져오면 금방 볼 것이고 그러면 읽을 책이 없는 시간이 길어진다. 그래서 어려운 책이나 두꺼운 책 위주로 집에서 가져왔다. 평소에는 읽기 힘든데 군대에 있으면 읽을 수밖에 없다. 이때 들고 온 책 중에 《부활》이 있었다. 읽다가 포기했던 책을 다시 시도한 것이다.

어느 일요일이었다. 일요일이라 업무가 없었고 청소와 점호 시간 외에는 자유시간이다. 오전의 단체 청소 일정이 끝나고 도서관에 자리를 잡았다. 《부활》을 집어 들었다. 그날 단숨에 읽어 내려갔다. 예전에는 하루 10쪽씩 읽다가 100쪽 정도에서 포기했는데 이번에는 하루 만에 완독했다. 나의 책 읽기 여정에서 하나의 이정표가 된 날이었다.

무엇이 그렇게 놀라운 일이었을까. 하루에 1권을 읽을 수 있다는 사실에 놀랐다. 이전에도 하루에 1권을 읽은 적은 있다. 그건 내용도 쉽고 간단하고 얇은 책이었다. 200~300쪽짜리 자기계발서를 하루에 읽는 건 가능하지만 600쪽짜리를 하루에 끝내는 건 이야기가 다르다. 두꺼운 책도 600쪽이 넘는 경우는 많지 않다. 그런데 하루에 600쪽을 읽는다는 것은 이제 대부분 책을 하루 만에 읽을 수 있음을 의미했다. 나는 이제 하루에 책 1권을 읽을 수 있게 되었다.

더 중요한 것은 책 읽는 속도였다. 20대 초반에는 《부활》을 1시간에 10쪽밖에 읽을 수 없었는데 20대 말에는 60쪽을 읽었다. 7년 사이에 책 읽는 속도가 6배로 증가한 것이다. 책은 읽으면 읽을수록 읽는 속도가 빨라진다지만 직접 실감하기는 힘들다. 이전에 읽다 포기한 책을 다시 집어 드니 그 변화를 알 수 있었다. 책은 읽을수록 그 속도가 빨라진다. 알게 모르게 나아지는 것이다.

또 하나, 처음 《부활》을 접했을 때는 재미가 없었다. 내용을 파악하기 힘들었지만 내가 무식해서 그렇다기보다 이 책이 재미없어서라고 생각했다. 명작이라면 재미보다 예술성을 먼저 따지지 않는가. 대중에게 호응을 얻지 못하면서 문학 하는 사람들 사이에서만 문학사적 의의가 어쩌고 하는 책들 말이다. 《부활》도 그런 유라고 생각했다.

그런데 군대에서 만난 《부활》은 재미있었다. 그래서 종일 도서권에 앉아 있을 수 있었다. 재미가 없는데 의무감으로 억지로 꾸역꾸역 읽은 게 아니다. 내용에 빠져 휴일 하루를 써버리고 말았다.

몇 년 전에 읽을 때는 재미는 고사하고 내용조차 파악하지 못했던 책이 지금 이렇게 재미있다니! 무엇이 달라졌을까. 당연히 책이 달라진 게 아니다. 답은 하나다. 나 자신이 달라진 것이다. 이 내용을 이해할 수 없던 내가 이해할 수 있는 나로 바뀐 것이다. 이 내용에 재미를 느낄 수 없었던 내가 재미를 느끼는 나로 바뀐 것이다. 나아가 1시간에 10쪽을 읽던 내가 60쪽을 읽는 나로 바뀐 것이다. 일주일에 100쪽 읽던 내가 하루에 이 책을 섭렵하는 나로 바뀌었다.

학부 과정과 대학원을 다니면서 꾸준히 책을 읽는 과정에서 내가 변하고 있다는 사실을 깨닫지 못했다. 책 읽기가 나를 바꾸고 있다고 생각지 못한 것이다. 책으로 인해 내가 더 나아지고 있다는 생각도 하지 못했다.

수험서를 열심히 공부하면 시험 점수가 올라가고 시험에 합격하는 등의 변화가 생길 수 있다. 영어 공부를 열심히 하면 토익 점수와 영어 실력이 올라갈 수 있다. 다른 것도 열심히 하면 무언가 달라진다. 그런데 책을 많이 읽으면 어떤 변화가 생기는가. 어떤 변화도 없지 않은가. 책을 읽었다는 것뿐 눈에 보이는 변화는 없(어 보인)다.

하지만 그게 아니었다. 책 읽기는 나 자신을 변화시킨다. 이전에는 이해할 수 없는 것을 이해할 수 있게 해준다. 이전에는 느끼지 못했던 재미를 느낄 수 있게 해준다. 겉으로는 같은 사람이지만 이해하고 느끼고 생각하는 것이 다르다. 이런 보이지 않는 변화가 책 읽기의 효과다. 꾸준히 읽으면 읽는 속도 또한 빨라진다. 정보를 습득할 수 있는 능력이 향상되는 것이다. 동영상에 빨리 감기 효과가 추가되는 것과 같다.

책 읽기는 단순히 재미있는 일만이 아니다. 나 자신을 변화시키고 그 변화를 스스로 확인시켜주는 수단이다. 나는 이전에 포기했던 《부활》을 멋지게 읽어내면서 그 사실을 깊이 깨달았다.

4

밑줄
긋기

책을 읽을 때 밑줄을 긋는 사람이 있고 긋지 않는 사람이 있다. 밑줄을 긋는 기준도 사람마다 다르다. 멋진 문장이나 기억하고 싶거나 감동을 준 글귀 또는 놀라움을 준 새로운 내용 등에 밑줄을 긋곤 한다. 밑줄을 긋는 게 좋을까 안 긋는 게 좋을까?

밑줄을 그을 필요가 없다는 주장부터 살펴보자. 책을 읽을 때 밑줄을 긋지 않아야 하는 이유는 무엇일까. 가장 실질적인 이유는 책에 밑줄을 그으면 헌책방에 팔 수 없다는 점이다.

알라딘이나 예스24 중고서점에서는 밑줄 친 페이지가 몇 쪽 이상 넘으면 매입하지 않는다. 밑줄을 한두 쪽만 그어도 상급 판정을 받지 못하기도 한다. 중급 또는 하급 판정을 받으면 판매가가 떨어진다. 물론 동네 중고서점이라면 밑줄 친 페이지가 많아도 사주기는 한다. 하지만 책 가격은 크게 떨어진다. 나중에 중고서점에 되팔 생각이라면 책에 줄을 쳐선 안 된다.

밑줄을 긋지 않는 두 번째 이유는 그 부분을 다시 보는 일이 거의 없어서이다. 밑줄을 긋는 이유는 나중에 그 책을 볼 때 중요한 내용을 빨리 찾기 위함이다. 밑줄을 그어두지 않으면 인상적이었던 문구를 찾는 게 어렵다. 운이 안 좋으면 책을 거의 다 읽어야 그 문구를 찾을 수도 있다.

밑줄을 그어놓으면 구절 찾는 작업이 쉬워진다. 문제는 나중에 그 문구를 찾느냐이다. 실제로는 한 번 읽은 책을 다시 펴는 일이 거의 없다. 책은 한 번 읽으면 그만이다. 나중에 다시 볼 기약도 없는 문장을 일부러 지금 에너지를 들여서 밑줄을 그을 필요는 없지 않은가. 펜을 찾고 밑줄을 긋는 시간에 몇 쪽 더 읽는 게 효율적이다. 특히 밑줄을 이쁘게 긋기 위해 색색의 펜을 준비하고 자를 대고 줄을 긋는 건 시간 낭비일 뿐이다.

다시 읽을 때 선입견에 빠지지 않으려면 줄을 긋지 말아야 한다는 주장도 있다. 2번 이상 읽게 되는 좋아하는 책에 줄이 그어져 있으면 이 부분만 읽게 되는 경향이 있다. 책은 2번 이상 읽으면 느끼는 감동도 달라진다. 처음에 지나쳤던 부분이 두 번째는 새로운 감동으로 다가오기도 한다. 읽을 때마다 감동을 주는 장면이 달라지고, 그에 따라 자신이 얼마나 변했는지 느낄 수 있다.

그런데 줄을 그어놓으면 다시 읽을 때 그 부분만 읽게 되어 처음 읽을 때의 감정만 되풀이할 수밖에 없고, 처음 읽을 때 넘어갔던 부분에서 무언가를 느낄 기회는 차단된다. 그래서 좋은 책이나 앞으로 다시 읽을 가능성이 있는 책에는 줄을 그으면 안 된다. 그래야 다시 읽을 때 새롭다.

이상의 주장은 다 맞는 말이다. 그럼에도 나는 책에 밑줄을 긋는다. 이렇게 하면 중고서점에 팔 수 없음을 알고 있지만 그래도 밑줄을 긋는다. 나는 책과 밑줄용 펜을 늘 함께 들고 다닌다. 마음에 드는 문장, 감정을 움직이는 어구, 그동안 몰랐던 새로운 내용에 밑줄을 긋는다.

밑줄의 양은 책마다 다르다. 내가 읽는 책의 절반 정도는 밑줄이 없다. 줄을 그을 만큼 느낌을 주는 내용이 없기 때문이다. 나머지의 절반 정도는 한두 군데 긋는다. 결국 전체 책의 4분의 1 정도에만 밑줄다운 밑줄을 긋는데 이 안에서도 편차는 크다. 보통은 5~10곳 정도에 밑줄을 긋는다. 그런데 10권 중 1권 정도는 밑줄이 많다. 밑줄을 그은 것만 모아도 몇 페이지 아니 몇십 페이지가 될 정도다. 나는 이렇게 줄 긋는 부분이 많을수록 좋은 책이라고 생각한다.

내가 책에 밑줄을 긋는 이유는 간단하다. 밑줄을 긋는 순간에 그 문장을 한 번 더 읽게 된다. 마음을 움직이는 것이 책 읽기의 주목적이라고 할 때 밑줄을 그으면 마음이 한두 번 더 움직인다.

나중에 그 책을 다시 볼 때 책의 주요 내용을 빠르게 파악할 수 있다는 점도 장점이다. 한 번 읽은 책을 다시 보는 일은 드문데 어쩌다 다시 집어 들기도 한다.

다시 그 책을 읽을 때는 정독하지 않는다. 책의 주요 내용을 점검하려는 목적이 더 크기 때문이다. 이 책의 주요 내용이 무엇인지, 이 책을 왜 기억하고 있는지 정도만 알면 충분하다. 이 정도의 목적이라면 밑줄 그은 부분만 확인하면 된다. 그러면 처음 책을 읽었을 때의 감정이 되살아난다.

책을 다시 한번 꼼꼼히 읽어야 한다면 밑줄이 있든 없든 큰 영향을 받지 않는다. 다시 읽으면서 이전과는 다른 곳에 밑줄을 긋거나 이전에 그었던 문장이 이번에는 별 느낌이 없음을 발견하면 확실히 내가 예전과 달라졌음을 느끼게 된다. 이때는 밑줄 그은 부분만 본다거나 하지 않는다. 이미 줄이 있어도 상관없다.

물론 문화적 가치가 있는 책이나 고서 혹은 특별 한정판이라면 줄을 그으면 안 될 것이다. 그러나 이건 장서가에게 해당하는 말이고 이들은 책을 보존하는 게 목적이니 줄을 그으면 안 된다. 하지만 우리는 책을 수집하거나 보존하는 게 아니라 내용 습득이 목적이다. 이때는 줄을 그으면서 읽는 게 내용 파악에 더 효과적이다.

5

밑줄 내용
정리하기

나는 (언급했듯이) 책을 읽을 때 마음에 드는 구절이나 마음을 움직이는 어구에 밑줄을 긋는데, 처음에는 밑줄만 긋고 별다른 사후 조치는 하지 않았다. 그러다 아마도 30대 초반에, 한 번 읽은 책을 다시 펴볼 기회가 없다가 어떤 계기로 이전에 읽은 책을 다시 펴게 되면서 밑줄을 마주하게 됐다.

밑줄은 그 문구가 그때 나에게 느낌을 줬다는 뜻이다. 지금 다시 그 부분을 보니 또다시 느낌이 있다. 줄을 그었다고 해서 그 부분을 기억하는 건 아니다. 밑줄을 그은 후에도 기억할 만한 문구는 1년에 몇 개 되지 않는다. 이전에는 느낌이 좋아서 밑줄을 그었지만, 지금은 느낌이 없는 부분도 있다.

여기에 왜 줄을 그었는지 의문이 드는 일도 있다. 하지만 밑줄은 대부분 여전히 내 마음을 움직인다. 나는 그사이 그렇게 많이 변하지 않았던 것이다. 그러니 감동받는 부분이 크게 달라질 게 없다.

이 밑줄 친 어구들을 그냥 두는 게 아까웠다. 이 어구들은 언제든 느낌을 줄 것이기 때문이다. 이 어구를 다시 읽기 위해 책을 꺼내 들자니 그것도 비효율적인 듯했다. 그러다 이 어구들을 타이핑해서 모아둬야겠다 싶었다. '나의 명언집', '나의 잠언집'이 되는 셈이다.

괜찮은 생각 같았다. 그래서 밑줄 부분을 따로 정리하기 시작했다. 출처를 알아야 하니 책 제목을 쓰고 그 아래에 밑줄 친 부분을 타자로 쳐서 파일로 보관했다.

책 한 권을 읽고 조금 시간이 지나 다시 훑으면서 밑줄을 확인했다. 또 봐도 괜찮다고 느껴지는 문구들을 타이핑했다. 이렇게 정리하는 밑줄의 양은 책마다 천차만별이다. 대부분은 타이핑할 만한 문구가 나오지 않는다. 있다 하더라도 몇 문장 안 된다. 하지만 가끔은 몇 페이지씩 타이핑할 분량이 나오기도 한다. 이것을 '어구록'이라고 파일 이름을 붙이고 밑줄 부분을 정리했다.

30대 초반은 일주일에 2~3권을 읽을 때다. 1년 정도 책을 읽으니 A4 100페이지가 넘는 어구록 파일이 만들어졌다. 보관하기 용이하게 A4가 아니라 B5 편집용지로 하고 글자 크기를 11포인트 정도로 하니 150페이지 분량이 된다. 이 정도면 책으로 제본해도 되지 않을까.

이때 나는 박사 과정에 있었다. 박사 과정에서는 많은 논문 자료를 읽고 정리하는 작업이 필요했다. 논문을 쓸 때 인용 문구의 출처를 반드시 밝혀야 해서 정리하지 않고 넘어가면 나중에 고생한다. 그동안 읽은 모든 자료를 다시 읽으면서 출처를 확인해야 하기 때문이다. 그런 고생을 하지 않기 위해 읽은 논문과 자료를 주제별로 묶어 제본하곤 했다.

연구 자료들을 정리하고 제본하는 것처럼 어구록도 제본했다. '어구록'이란 제목을 붙이고 제본 기념으로 한번 읽어보았다. 150페이지 분량의 이 어구록은 나에게 그 어떤 책보다 중요하게 되어버렸다.

아무리 좋은 책이라도 나에게 느낌과 감정을 주는 부분은 많지 않다. 이 어구록은 모든 페이지가 내 감정을 건드린다. 당연한 일이다. 내 감정을 건드린 글들만 모아놨으니 말이다.

이 어구록은 밑줄 부분을 모아놓은 것이지만 실질적으로는 100권이 넘는 책의 요약본이다. 책 100권이 내게 선사한 지식과 감정을 이 한 권으로 다시 리뷰할 수 있었다. 100권을 읽는 효과인 셈이다. 첫 어구록을 정리한 후부터 지금까지 밑줄 정리 작업을 해오고 있다. 그다음 해부터는 1년에 1권씩 어구록을 제본했다. 어구록이 10권이 되었을 때부터는 연도를 표시했다.

이렇게 20년 넘게 어구록을 만들어오고 있다. 처음에는 1년에 1권 정도 분량이었지만, 읽는 권수가 늘면서 어구록도 늘어났다.

감정적으로 명언이라 할 만한 어구만 모았던 초기와 달리 이후에는 신기한 지식과 활용할 만한 새로운 지식도 어구록에 포함하고 있다. 그래서 지금은 1년에 3권 이상의 분량이 나온다. 지금 내게는 몇십 권의 제본된 어구록이 있다.

이 어구록은 방대한 자료집으로서 도움을 주고 있다. 지금 1년에 500권을 읽지만 그게 모두 머리에 남아 있을 리 없다. 시간이 좀 지나면 어디서 뭘 읽었는지, 어떤 점이 좋았는지, 어떤 지식을 얻었는지 거의 기억나는 게 없게 된다. 그때 이 어구록을 들여다보면 책을 읽을 때의 감정과 그 책에서 얻은 지식을 떠올릴 수 있다. 1년간 500권을 읽으면서 느꼈던 것 대부분을 이 1년 치 어구록을 읽으면 다시 기억해낼 수 있다.

지금 여러 주제로 책을 쓰고 있는데 기초 자료는 이 어구록에서 왔다. 남녀 차이에 관한 책을 쓴다면 이 어구록을 들춰서 책 1권을 구성할 수 있다. 20년간 여러 책에서 접한 재미있는 남녀 차이에 관한 지식이 이 어구록에 들어 있기 때문이다. 1년에 2~3건만 적었다 하더라도 20년이면 50건은 된다. 50건이면 책 1권 분량으로 충분하다. 10년 전 읽은 자료를 다시 찾는 건 거의 불가능하지만 이 어구록을 읽으면 10년 전 아니 20년 전 나에게 감동과 재미를 준 것들을 찾아낼 수 있다. 이런 이유로 밑줄 정리 작업이 중요하다고 생각한다. 물론 책 몇 권의 밑줄 내용을 정리한다고 해서 크게 도움이 되진 않을 것이다.

하지만 최소 100권 이상의 책에서 발췌한 밑줄 부분을 정리하고 제본해놓으면 다르다. 제본한 정리본만 읽어도 수백 가지 감정과 수십 가지 새로운 사실로 인해 자극을 받게 될 테니 말이다. 나 자신에게 감정과 감동, 지적 흥분을 주었던 문구들로만 채워진 책이기 때문이다. 나만의 보물이 될 수밖에 없는 이유다.

5장

어떤 책이
좋은 책인가

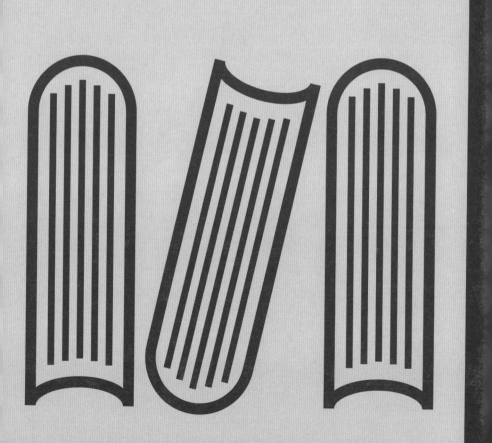

좋은 책은 어떤 책인가 ①
객관적 기준

　좋은 책은 어떤 책을 말할까. 책이라고 해서 다 똑같지는 않다. 좋은 책이 있고 그저 그런 책이 있다. 이렇게 책의 등급을 구분하는 데는 객관적 기준이 있고 주관적 기준이 있다.

　객관적 기준은 사람의 기호와 관계없이 순수하게 그 책의 가치를 따지는 것이고, 주관적 기준은 읽는 사람에 끼치는 영향과 읽는 사람의 판단에 따라 책의 가치를 따지는 것이다. 객관적 기준에 의한 책의 등급부터 알아보자.

　책은 기본적으로 정보를 제공해주는 수단이다. 그동안 알지 못했던 새로운 사실, 감정, 논리 등을 알려준다. 이런 기준에서 보면 책이 전달하려는 지식이 어떤 수준이냐에 따라 그 가치가 정해진다.

이 기준에서 지식의 최첨단에 해당하는 책이자 그동안 몰랐던 사실을 새로 밝혀내 지식을 만드는 것은 학술논문이다. 대학원에서 석·박사를 받은 사람은 연구자가 된다. 교수나 연구원들은 무언가를 연구해서 그동안 없었던 새로운 지식을 만들고 그것을 논문으로 쓴다. 이 논문들을 묶어서 출판하는 책이 논문집이다.

논문집은 학회에서 발간한다. 한국행정학회에서 〈한국행정학보〉를, 한국경제학회에서 〈경제학연구〉를 발간한다. 이런 학회지 시스템은 우리나라만이 아니라 전 세계 공통이다. 전 세계에서 연구자들이 논문을 쓰고, 그 논문이 논문집 형태로 출간되고 있다.

논문이 되기 위한 첫 번째 조건은 그동안 없었던 것이어야 한다는 점이다. 그래서 논문은 세계 최초, 우리나라 최초, 그 분야 최초의 내용으로 가득 차 있다. 현재 인류 지식의 최첨단을 알려면 논문을 접해야 한다. 더 유명한 논문집일수록 더 의미 있는 첨단 지식을 만날 수 있다.

논문이 가장 기본이기는 한데 짧은 글이라는 한계가 있다. 연구자가 새로 밝힌 사실과 전달할 내용이 많은데 논문 형식으로 담기 어려운 경우 학술서적으로 출간한다. 아이디어 수준의 짧은 글은 논문, 좀 긴 글은 학술서적이 된다.

논문과 학술서적이 첨단 지식을 담고 있지만, 문제가 있다. 이 둘은 아무나 읽을 수 없다. 학자를 대상으로 하는 논문은 전문용어만 쓰고 문장이 어렵다. 일반인은 읽어도 내용이나 의미 파악이 힘들다는 말이다. 이런 어려운 내용을 연구자나 전문 작가가 대중이 접하기 쉽도록 풀어서 쓰기도 한다. 유명한 책이나 명저 중에는 여기에 해당하는 책이 상당하다.

말콤 글래드웰이 쓴 세계적 베스트셀러 《아웃라이어》를 보자. 전문가가 되기 위해 다른 어떤 것보다 1만 시간의 노력이 필요하다는 '1만 시간의 법칙'을 세상에 알린 책이다. 그런데 이 법칙을 발견한 건 그가 아니다. 이는 심리학자 안데르스 에릭슨이 1993년 발표한 논문에 등장한 개념이며 이후 심리학계에 널리 알려졌다. 심리학계에서만 알고 일반인은 몰랐던 이 법칙을 말콤 글래드웰이 풀어서 쓴 책이 《아웃라이어》다.

《이기적 유전자》도 마찬가지다. 이기적 유전자의 개념을 처음 발견한 학자는 조지 윌리엄스와 윌리엄 해밀턴이다. 리처드 도킨스는 이들 논문의 주요 내용을 바탕으로 대중이 읽기 쉽게 책을 썼다.

명저로 알려진 책 중에는 이렇게 전문가의 논문을 바탕으로 일반인이 접하도록 쓴 것들이 많다. 이런 책들은 대중 시점에서는 최첨단 지식이라 할 수 있다. 한마디로 일반인의 상식과 교양 수준을 넓혀주는 책인 것이다.

그다음은 좋은 책들의 내용을 바탕으로 재미있고 이해하기 쉽게 책을 쓰는 경우다. 말콤 글래드웰이 1만 시간의 법칙을 대중에 소개한 후 이와 관련된 책이 쏟아져 나왔다. 1만 시간의 법칙을 좀 더 자세히 설명한 책, 1만 시간을 노력하려면 어떻게 해야 하는가에 대한 책, 1만 시간을 줄일 방법을 제시하는 책, 1만 시간의 법칙이 진실인지 의문을 제기하는 책, 1만 시간의 법칙은 틀렸다고 말하는 책 등.

이 단계에서도 좋은 책이 있을 수 있지만, 그 중요도는 개념을 처음 소개한 《아웃라이어》보다는 떨어진다고 할 수 있다. 이런 기준으로 보았을 때 책의 등급은 ① 논문·학술서적, ② 논문·학술서적을 기반으로 쓴 대중서, ③ 기존의 대중서를 바탕으로 쓴 책 등으로 나눌 수 있다.

①은 해당 분야의 전문가가 아닌 한 접근하기도 이해하기도 쉽지 않다. 아무리 책으로 첨단 지식을 얻고자 한다 해도 비전문가에게 논문을 직접 읽으라고 권할 수는 없다. 우리가 읽는 책은 대부분 ②와 ③이다. ②와 ③은 구분할 필요가 있다. 좀 더 근본적인 책이 좋은 책에 들어간다. ②는 큰 줄기이고 ③은 잔가지이니 가능하면 ②를 읽는 것이 더 낫다고 볼 수 있다.

②를 읽었다고 자기가 다른 사람들보다 많이 알고 지적으로 낫다고 생각해서는 곤란하다. ②는 일반인은 잘 몰랐던 사실을 다루지만 해당 전문가는 다 아는 사실이라고 봐야 한다. 책은 최첨단이 아니다. 최첨단 지식은 논문이다. 대중서는 최첨단의 한 발짝 뒤에서 따라오는 것이다. 그런 책의 한계는 알고 있어야 한다.

지식을 기준으로 하면 책의 등급은 언급한 순서처럼 되는데, 책 중에는 지식 전달이 목적이 아닌 게 많다. 개인의 독특한 경험을 다룬 책, 자기의 생각이나 감정을 주제로 한 책, 소설 등과 같이 이야기를 만들어내는 책이 대표적이다.

객관적 사실을 다루느냐 개인의 경험과 감정을 다루느냐의 차이가 있지만 에세이나 소설의 가치를 판단하는 방식도 언급한 기준과 같다. 전문가조차 몰랐던 사실이나 감정을 다루면 ①의 가치가 있는 책이다.

나치 강제 수용소에서의 경험을 다룬 빅터 프랭클의 《죽음의 수용소에서》는 전문가조차 몰랐던 그곳에서의 생활과 감정을 만날 수 있다. 그런 경험과 감정을 처음 소개하면 명작이 된다. 헨리 데이비드 소로의 《월든》도 이런 가치가 있는 책이다.

해당 전문가는 알고 있지만, 일반인은 잘 모르는 경험과 감정을 다룬 에세이나 소설은 ②와 유사하다. 한 직종에서 일하는 사람이 자기 직업을 에세이로 쓰는 책도 그렇다고 볼 수 있다. 해당 직종에서 일하는 사람들은 경험해서 알고 있지만, 일반인은 잘 모르는 내용이기 때문이다. 일반인도 아는 이야기지만 좀 더 재미있게 다른 각도로 쓰는 책은 ③과 유사하다.

사실 '어떤 책이 좋으냐'는 주관적인 판단이 더 중요하긴 하다. 하지만 ①~③처럼 객관적으로 책을 구분하는 기준이 있음을 알아두면 좋을 것이다.

2

좋은 책은 어떤 책인가 ②

주관적 기준

서울대학교에서 본교생을 위한 권장도서 100선을 발표했다. 100권의 분야는 한국문학, 외국문학, 동양사상, 서양사상, 과학기술 등으로 구분되어 있는데 《논어》, 《맹자》, 《장자》, 《역사》(헤로도토스), 《국가》(플라톤), 《군주론》, 《국부론》, 《종의 기원》 등을 포함하고 있다. 그런데 이 명저들을 읽고 감명을 받거나 재미를 느끼기는 쉽지 않다.

좋은 책이라는데 이해하기 어렵고 재미조차 없다. 이유는 분명하다. 이 책들은 객관적 기준으로는 훌륭하지만, 대부분은 (앞 절에서 살펴본 기준에서) 학술서적들이다. 학술서적 중에서도 한 분야를 개척한 선구자에 해당하는 책들이다. 좋은 책이기는 하지만 어디까지나 객관적 기준에 의해서라는 것을 기억하기 바란다.

정말로 우리에게 좋은 책은 지금 내게 도움이 되는 책이다. 이는 객관적인 게 아니라 주관적인 것이다. 비유하면 권장도서는 주로 산꼭대기를 설명하고 있다. 산꼭대기에 올라서서 조사하고자 하는 사람에게는 중요하지만 이제 막 산을 오르려는 사람에게 이런 정보는 필요하지 않다. 어떻게 산을 오를 수 있는지, 어떤 길로 가야 좋은지가 더 중요하다.

등산을 처음 접하는 사람에게는 등산의 기본을, 몇 번 산에 올라본 사람에게는 중급 기술을, 어느 정도 등산해본 사람에게는 고급 기술을 전달해줘야 좋은 책이다. 책 자체는 좋고 나쁜 게 없다. 읽는 사람에 따라 좋은 책과 그렇지 않은 책으로 나뉠 뿐이다.

책의 가치는 주관적인 기준에 따라 정해지는데, 그 기준에 의하더라도 좋은 책의 등급은 구분할 수 있다. 주관적인 기준에서 가장 좋은 책은 사고방식에 변화를 주는 책, 즉 생각하는 방식, 사고의 기준, 좋고 싫은 것에 대한 가치 기준 등을 바꿔주는 책이 가장 좋다.

그동안은 가격이 싼 게 좋다고 생각했는데 어떤 책을 읽고 가격보다는 품질이 더 중요함을 깨달았다. 즉 책을 읽고 가치 판단 기준이 가격에서 품질로 바뀐 것이다. 이런 기준의 변화는 어떤 한 상품에만 적용되는 것이 아니라 살아가면서 마주하는 모든 상품과 서비스에 적용할 수 있다. 책 1권을 읽고 인생이 바뀌는 것은 이런 경우다.

나에게는 《인간 등정의 발자취》가 그런 책이다. 인간의 발전이란 것은 무엇인가. 보다 잘살게 되는 것? 더 많은 돈을 버는 것? 더 많은 사람을 아는 것? 행복해지는 것? 이 책은 인간 역사의 발전을 생각의 지평이 넓어지는 것과 창조성의 확대로 해석했다. 사고 범위가 확대되는 것, 그동안 알지 못했던 지식을 새로 얻는 것, 기존의 틀을 벗어나 창조하는 것을 인간의 발전 과정으로 보았다.

기존 지식 내에서 움직이는 것은 아무리 돈을 더 벌고 잘살게 되더라도 발전이 아니다. 좀 어려워지더라도 지식과 예술이 확대되는 게 발전이다. 나는 제이콥 브로노우스키의 《인간 등정의 발자취》로 인해 세상을 보는 관점과 가치 판단의 기준이 달라졌다. 그래서 이 책이 나에게는 가장 가치 있는 책이 되었다.

이런 책은 만나기 힘들다. 내게 영향을 주는 책은 몇 년에 한 번 만날까 말까다. 언급했듯이 나는 1년에 500권을 읽는다. 그런데 몇 년에 한 번 이런 책을 대한다는 것은 1000권 넘게 읽어야 겨우 1~2권 만날 수 있다는 뜻이다. 일부러 찾을 수도 없다. 계속 읽다가 운 좋게 만나게 되는 것이다.

사고방식의 변화를 이끄는 책 다음으로는 그동안 몰랐던 세상을 알게 해주는 책이 좋다. 새로운 세상이 펼쳐지는 듯한 느낌을 주는 책을 말한다. 내게는 리처드 로즈의 《원자 폭탄 만들기》와 대니얼 예긴의 《황금의 샘》 등이 이런 가치를 전해주었다.

《원자 폭탄 만들기》는 그동안 내가 전혀 몰랐던 원자 폭탄 제조 과정, 맨해튼 프로젝트와 원자 폭탄의 효과를, 《황금의 샘》은 석유와 석유 산업의 발전, 그 정치·경제학적 의미를 알려주었다. 이는 단순히 지식이 늘었다는 수준이 아니라 하나의 세상이 새로 만들어진 듯한 느낌이었다.《해리 포터》시리즈와《은하영웅전설》도 여기에 해당한다. 그동안 생각지 못했던 하나의 새로운 세상이 만들어졌다.

알고 있던 것이라도 책에 따라 새로운 세상을 열어주기도 한다. 《로마인 이야기》가 그랬다. 로마 역사에 관한 책은 그전에도 많이 읽었다. 옥타비아누스 이전 로마 역사는 이 책을 읽기 전에도 알고 있었다. 그런데 다른 로마사 책을 읽을 때는 로마가 위대하다거나 카이사르가 매력적이라고 생각하지 않았다.

하지만 시오노 나나미의 책을 읽고 나서는 '로마가 대단한 나라였구나' 하고 감탄하게 되었고 카이사르도 좋아하게 되었다. 지식 측면에서 늘어난 건 많지 않지만, 로마와 카이사르를 '재발견' 하게 되었다. 그래서 나에게《로마인 이야기》는 소중한 책이 되었다.

이런 책 역시 쉽게 만나지 못한다. 베스트셀러, 유명한 책을 읽는다고 이런 걸 느끼게 되는 건 아니다. 나의 경우 50권 정도 읽으면 한두 권 만나는 것 같다. 이런 책만 읽고 싶지만, 이 또한 찾는다고 찾아지는 게 아니다. 계속 읽다가 우연히 만나게 되는 것이다.

그다음 세 번째로는 그동안 몰랐던 사실과 감정을 새로 알게 해주는 책이다. 두 번째 주관적 가치가 새로운 나무를 발견하는 것이라면 세 번째는 하나의 나무에서 새로운 줄기와 잎을 발견하는 것이다. 대부분 책은 여기에 해당한다.

책을 출간한다는 것은 다른 책에는 없는 새로운 내용을 들고 나온다는 뜻이고, 모든 책에는 그동안 접하지 못했던 새로운 것 하나쯤은 들어 있다. 전반적인 분위기는 알고 있지만, 세부 사항을 하나 더 알게 해주는 효과다. 내가 책을 읽을 때 기대하는 건 이런 정도다. 그동안 몰랐던 하나를 새로 알게 되는 것. 그러다 운 좋게 새로운 세상이 열리는 책 또는 사고방식을 바꾸어버리는 책이 툭 튀어나오기는 하지만 새로운 책을 집어 들 때는 이 정도만 기대한다.

마지막으로, 나에게는 전혀 쓸데없는 책이 있다. 다 읽어도 새로운 것이 하나도 없는 책이라는 말이다. 200~300쪽인데도 새로운 지식이나 새로운 감정을 주는 게 없다. 이는 책의 저자가 다른 책의 내용을 가져오기만 한 경우이다. 다른 책에서 다 읽은 내용뿐이니 새로운 것이 없고 시간 낭비, 돈 낭비만 하게 된다.

그렇다고 그 책 자체가 나쁜 책이라고 해서는 곤란하다. 자기가 다른 책들을 많이 읽어서 이 책이 의미가 없는 것이다. 그 분야를 처음 접하는 사람에게는 모두 새로운 내용일 수 있고, 그동안 몰랐던 새로운 세상을 열어주는 책일 수 있다. 아니면 이 책이 원전이고 다른 책이 이 책을 활용해 다 아는 내용이 되었을 수도 있다.

이런 책은 내 주관적 기준에서 형편없는 책일 뿐이다. 가능하면 이런 책은 만나지 않았으면 하는데 그게 쉽지 않다. 다 읽어보지 않은 상태에서 판단하기는 어렵다.

이런 책도 자주 만난다. 10권을 읽으면 2~3권은 이런 책이다. 피하고 싶은데 이 또한 의지만으로 되는 일이 아니다. 나름대로 고르는데도 이런 책이 튀어나온다. 가능하면 좋은 책, 읽고 나서 만족하는 책만 읽고 싶은데 쉽지 않다. 결국은 결과는 생각하지 말고 그저 읽어 나갈 수밖에 없는 것 같다.

3

좋은 책은 어떤 책인가 ③
행동을 변화시키는 책

앞 절에서 좋은 책은 자기 사고방식을 변화시키는 책, 그동안 몰랐던 세상을 알게 해주는 책, 알지 못했던 사실이나 기존의 지식이 틀렸음을 알려주는 책이라고 했다. 이런 책은 책으로서 가치가 있다. 객관적 기준과 관계없이 주관적으로 가치 있는 책들이다.

그런데 내가 이런 기준들보다 더 중요하다고 여기는 게 있다. 행동을 변화시키느냐이다. 단순히 사고방식과 지식에만 영향을 끼치는 게 아니라 행동을 바꿔주는 책이 더 중요하다. 책으로 인해 인생이 바뀌는 순간은 이렇게 행동을 바꾸는 책을 만났을 때다.

사고방식이 바뀌는 것도 인생이 바뀌는 것이기는 하지만 어디가 어떻게 달라졌는지 알기 힘들다. 본인은 바뀌었다고 생각하는

데 다른 사람은 그 차이를 느끼지 못한다. 행동이 바뀌는 경우는 그렇지 않다. 자신뿐 아니라 다른 사람이 볼 때도 내가 달라졌다. 인생의 성과와 결과물이 달라진 것이다. 그래서 책으로 행동이 바뀌는 것이 진정으로 인생이 달라지는 것이라고 볼 수 있다.

내게도 행동을 변화시켜준 책이 있다. 김진화의 《넥스트 머니 비트코인》은 '그동안 몰랐던 비트코인에 관한 지식'을 알게 해주었다. 게다가 2장에서 밝혔듯이 단순히 지식의 확장 차원에서만 그치지 않았다. '비트코인을 사야겠다'라는 생각이 들게 했고, 비트코인을 사게 만들었다. 책을 읽고서 행동으로 옮긴 몇 안 되는 사건 중 하나였다.

사람은 지식이 있다고 해서 그 지식대로 행동하지 않는다. 지식이 행동으로 바뀌려면 트리거, 즉 계기가 필요하다. 많은 사람이 비트코인을 사게 된 이유는 비트코인에 대한 지식이 늘어서가 아니다. 누군가 비트코인으로 큰돈을 벌었다는 이야기를 듣고 구매를 고민하게 된다. 주위 사람들이 행동하고 그 결과가 좋다는 것을 확인한 다음에야 행동에 들어간다. 즉 사람은 안다고 해서 바로 행동하지 않는다.

그런데 책은 누군가 비트코인으로 큰돈을 벌었다는 행동의 결과를 보기 전에 먼저 행동에 들어가게 해준다. 이렇듯 책은 지식은 물론이고 사람을 움직이는 힘 또한 가지고 있다.

《물은 답을 알고 있다》라는 책이 있다. 물에 욕이나 나쁜 말을 하면 분자가 흉측해지고 칭찬과 고운 말을 하면 고운 모양을 한다. 겉으로 보기에 물은 똑같다. 물은 단순한 물질이다. 사람이 욕을 하는지 칭찬을 하는지에 따라 물이 달라질 리 없다.

그런데 아니다. 사람의 말에 따라 물의 분자 모양이 달라진다. 이 책을 읽고 나면 최소한 혼잣말이라도 욕 또는 나쁜 말은 하지 말아야겠다는 생각을 하게 된다. 그 나쁜 말이 내 몸의 분자에 나쁜 영향을 준다는 것을 알게 되고 앞으로는 그러지 말아야겠다고 결심하게 된다.

나쁜 말을 하지 말자, 또는 욕하지 말자는 유치원 때부터 듣는 말이다. 하지만 앞으로 욕을 하지 말아야겠다고 스스로 결심하고 욕을 하지 않는 경우가 얼마나 되는가. 이 책을 읽고 고운 말만 써야겠다고 마음먹고 실천하게 된 사람이 많았다. 욕이 물의 분자 모양을 바꾼다는 지식을 알려준 것뿐 아니라 욕을 하지 않도록 사람의 행동을 바꾼 것이다.

이 실험은 나중에 다른 연구자가 과학적 검증을 진행했는데 거짓으로 판명 났다. 물에 욕을 한다고 분자 모양이 달라지지 않았다. 실제 사실이 어떻든 지금도 사람들이 이 책을 읽으면 나쁜 말을 하지 말아야겠다는 다짐을 하게 된다. 어떤 계몽적인 선전, 구호, 캠페인, 규제도 하지 못한 일을 이 책이 해낸 셈이다.

사실 행동 변화는 흔히 말하는 좋은 책을 읽을 때 일어나는 현상이 아니다. 사고방식을 바꾸는 책 또는 새로운 세상을 열어주는 책은 명저이지만 이런 책은 행동을 바꾸지는 못한다. 단지 마음속으로만 영향을 줄 뿐이다.

행동을 바꾸는 책은 오히려 '잡서'일 확률이 높다. 에세이, 자기계발서, 소설, 실용서 등이 행동에 영향을 끼친다. 막상 내 행동에 영향을 미쳤던 책들은 대부분 에세이, 자기계발서, 소설 등이었다. 객관적 기준으로 명저도 아니고 특별한 내용이 없더라도 행동에는 영향을 미칠 수 있다.

행동을 변화시키는 책은 주관적이다. 어떤 책을 읽으면 어떤 행동 변화가 일어날 것이라고 예측하는 것은 불가능하다. 그 책을 읽는다고 모두 똑같이 행동의 변화가 일어나리라고 기대할 수 없다.

나는 비트코인 책을 읽고 비트코인을 샀는데 이때 이 책을 읽은 사람이 나만은 아니다. 못해도 몇백 명은 읽었겠지만, 당시 비트코인을 산 사람은 거의 없을 것이다. 같은 책을 읽는다고 사람들의 행동이 같아지지는 않는다.

책을 읽고 행동이 변하는 것은 책의 힘만은 아니다. 읽는 사람의 내면에 받아들일 수 있는 무언가가 있어야 한다. 자기 내면에 변하려는 무언가가 있을 때 관련 책을 읽으면 방아쇠가 당겨진다. 이때 어떤 책(혹은 문장)을 읽어야 방아쇠가 당겨지는지 미리 알 수 없다. 그걸 알기 위해서라도 여러 분야의 책을 다양하게 읽을 필요가 있다.

책은 방아쇠 역할을 하고 그로 인해 행동에 변화가 일어난다. 이렇게 행동을 변화시키는 책이 자신에게 진짜 좋은 책이 된다.

고전을
읽어야 할까

대학이나 문화 단체에서 추천하는 도서는 대개 고전이다. 책을 읽으려면 고전을 읽어야 한다는 말도 자주 접할 수 있다. 막상 고전을 읽으려고 하면 두껍거나 내용이 어려운 경우가 많다. 처음에 기세 좋게 시도했지만, 중간에 포기하는 일이 부지기수다. 그러다 보니 고전을 제대로 읽지 못하는 게 나 자신이 모자라서가 아닐까, 이 어려움을 극복하고 어떻게든 읽어내야 하는 게 아닐까 하면서 자책하기도 한다.

나는 처음부터 억지로 고전을 읽을 필요는 없다고 생각한다. 다른 책들을 읽다 보면 스스로 고전을 읽어야겠다는 생각이 들 때가 있다. 그때 고전을 찾아봐도 늦지 않다.

영화나 애니메이션을 한번 보자. 영화에도 고전이라 불리는 것들이 있다. 〈스타워즈〉(1977), 〈매트릭스〉(1999), 〈메리 포핀스〉(1964)는 물론이고 디즈니 애니메이션 〈신데렐라〉(1950)도 있다. 고전이라고 인정받는 〈신데렐라〉를 지금 보면서 충격과 감동을 받을 수 있을까. 몇몇 장면에서는 재미를 느낄 수 있을지 모르지만, 전반적으로는 밋밋하고 재미없는 평범한 애니메이션일 뿐이다.

〈신데렐라〉는 세계 최초의 장편 만화영화다. 이 작품이 처음 나왔을 때는 '쇼킹'한 사건이었고 난생처음 보는 것이었다. 그래서 고전이 되었다. 하지만 지금 장편 만화영화는 차고 넘친다.

〈매트릭스〉의 몸을 뒤로 90도로 젖혀 총알 세례를 피하는 액션을 마치 시간을 멈춘 듯 360도 회전 화면에 담아낸 장면은 최고로 꼽힌다. 하지만 요즘 아이들에게 〈매트릭스〉를 보여주면 이야기가 달라진다. 감동은커녕 아이들에게 그 장면은 이미 알고 있는 익숙한 것이다. 평소에 자주 볼 수 있는 장면이 〈매트릭스〉에서도 나오는구나 하는 정도다.

고전은 고전이 나온 시대에 새로운 세상을 열고 그 후의 세상을 바꾸었기 때문에 그 지위에 오르게 된다. 당대 사람들에게 그 고전은 참신하고 새로운 것이었다. 그래서 놀라움의 대상이 된다. 후세에는 그 고전의 내용이 일상이 되어 있다. 평소에 대하며 접하고 있는데 이때 고전을 본다고 놀랄 일은 없다. 모두가 아는 뻔한 이야기만 보여주는 지겨운 것이 되고 만다. 지금 개봉하는 영화 중에도 재미있는 것이 많다. 그런데 옛날 고전 영화를 주로 보라고 하면 그건 고문이다.

　책도 마찬가지다. 고전이라고 불리는 책은 한 시대를 연 책들이다. 그때까지 없던 새로운 개념과 사고방식을 처음 제시했던 책들이다. 훌륭한 책이고 명작이라는 점은 아무도 부인할 수 없다. 하지만 지금 우리가 그 고전을 읽으면 당시 사람들이 느꼈던 감동을 그대로 느낄 수 있을까?

　진화론을 처음 제시한 《종의 기원》을 보자. 이 책은 인간이 원숭이와 조상이 같음을 처음으로 암시했다. 당시에는 충격적이었다! 초판이 며칠 만에 소진되어 베스트셀러에 올랐다.

　지금 우리는 진화론의 개념을 알고 있다. 원숭이와 인간이 같은 뿌리라는 사실은 초등학교 때부터 들어서 익히 알고 있다. 지금 《종의 기원》을 읽으면 특별한 게 없다. 두껍고 어렵기만 하다. 시간을 들여서 힘들게 읽어도 새로 알게 되는 지식이 별로 없다는 말이다. 말로만 듣던 《종의 기원》을 다 읽었다는 것만 남는다.

　애덤 스미스의 《국부론》과 카를 마르크스의 《자본론》도 마찬가지다. 《국부론》은 국가가 통제하는 경제보다 자유 시장 경제가 우월하다는 것을 처음 설파한 책이다. 《자본론》은 자본주의의 문제점을 처음으로 분석한 책이다. 국가 통제 경제가 일상적이던 시대에 《국부론》은 자본주의를 연 책이 되었고, 모두가 자본주의만 추종하던 시대에 《자본론》은 사회주의를 만든 책이 되었다. 둘 다 시대를 바꾼 명저이고 당시 베스트셀러였다.

　지금 우리는 자본주의와 사회주의에 대한 기본 지식을 가지고 있다. 자본주의와 사회주의가 정확히 무엇인지는 몰라도 기업 활동이 중요하다는 것, 빈부 격차가 경제의 큰 문제라는 것쯤은 안다. 《국부론》과 《자본론》의 주요 내용을 다 아는 것이다. 그 상태에서 이 책들을 읽으니 특별한 감동이 있을 수 없다. 쉬운 내용을 어렵게 설명하는 골치 아픈 책일 뿐이다.

그래서 고전을 억지로 읽을 필요가 없다고 생각한다. 고전을 읽기보다 그 책을 풀어쓴 책이나 간단하게 정리한 책이 훨씬 더 읽기 쉽고 배우는 것도 많다. 고전을 읽어야 한다는 의무감으로 억지로 고전을 읽는 것은 바보 같은 짓이다.

그렇다고 고전은 읽을 필요가 없다고 단정 짓지 말자. 관련 책을 읽다 보면 고전을 읽어야겠다고 느끼게 되는 시기가 온다. 생물학 관련 책을 읽다 보면 《종의 기원》이, 경제 관련 책을 읽다 보면 《국부론》이나 《자본론》이 자주 등장한다. 정치 관련 책들을 읽다 보면 마키아벨리의 《군주론》과 플라톤이나 아리스토텔레스를 만나게 된다. 로마 이야기를 읽다 보면 《리비우스 로마사》에 익숙해지게 된다.

이렇게 인용되고 언급되는 것을 보면 좀 이상함을 느끼게 된다. 책마다 《국부론》이나 《종의 기원》을 언급하는데, 내용과 뉘앙스가 조금씩 다르다. 이런 차이를 접하다 보면 《국부론》과 《종의 기원》을 직접 읽고 확인해봐야겠다는 생각이 든다.

이때가 고전을 읽을 때다. 이때 고전을 읽으면 실질적인 도움을 받을 수 있고, 시중에 떠도는 《국부론》과 《종의 기원》이 실제와 어떻게 다른지 파악할 수 있다. 책의 어느 부분을 언급한 건지, 원문의 어디에 중점을 두고 어디를 무시했는지, 그 사람이 원문을 읽은 건지 아니면 주위들은 지식만 말하는 건지 알게 된다.

일반적인 고전은 이런 식으로 접근하면 된다. 억지로 읽을 필요는 없고 그 분야 책을 읽다 보면 어느 순간 고전을 봐야겠다는 생각이 들게 마련이다. 그때 읽어도 충분하다는 말이다. 단, 소설은 좀 다르다. 문학작품은 언제든 고전을 읽으려 해도 괜찮다.

문학은 시대를 앞서가는 새로움 때문에 고전이 되기도 하지만, 내용 자체가 명작이라 고전이 된 경우가 더 많다. 고전이 된 문학작품은 동시대가 아니라 모든 시대의 사람들에게 공감을 준다. 인간 자체의 본성과 감성을 보여주기 때문이다. 이런 경우 고전이나 명작은 현대 작품보다 훨씬 더 깊은 맛을 느끼게 해준다. 최신 유행 음식보다는 된장찌개나 김치찌개 같은 음식이 더 많이 사랑받는 것과 같은 이치다. 어느 나라든 그 나라의 전통음식은 깊으면서도 보편적인 맛을 지니고 있다.

오랫동안 내려온 명작 소설은 현대소설보다 더 깊은 감정을 전달해줄 수 있다. 명작이나 고전소설은 고전이라는 선입견 없이 그 내용이 흥미를 끌 때 현대소설을 선택할 때와 같은 기준으로 선정해서 읽어도 무방하다고 본다.

추천도서는
무시하라

국립중앙도서관 사서 추천도서, 서울대 추천도서, 청소년 추천도서, 고등학생 추천도서, 도서관 권장도서 등 주위를 둘러보면 추천도서가 많다. 생각보다 많은 사람이 이 도서들을 읽으려고 도전한다. 추천도서에는 명저들이 많다. 이왕이면 추천도서를 읽는 게 삶에 더 도움이 되고 책 읽는 가치 또한 더 있다고 생각한다.

그러나 난 이런 기관들의 추천도서는 무시하는 게 좋다고 생각한다. 이런 책도 있구나 정도로 넘어가면 된다. 나중에 기회가 생겼을 때 읽어도 충분하다. 추천도서라는 이유에 사로잡혀 읽을 필요는 없다는 말이다.

'추천도서'를 추천하기 힘든 이유는 그 책들을 추천하게 되는 이유가 좀 복잡하기 때문이다. 교수로 재직할 때 신입생을 위한 추천도서를 몇 권 제출해달라는 요구를 듣곤 했다. 그때마다 신입생 추천도서와 재학생 추천도서를 제출했다.

학교에서는 여러 교수가 제출한 책들을 모아 추천도서라는 이름으로 소개한다. 추천도서는 이런 식으로 사서, 교수, 교사, 전문가 등으로부터 목록을 받아 만든다. 전문가, 교수 등은 어떤 기준으로 추천도서를 고를까.

이 글을 쓰는 시점이 2022년 2월 초인데 1월에 읽은 책 중에서 가장 좋았던 책을 추천하려 한다고 하자. 1월에 42권을 읽었는데 이 중에서 배운 것도 많고 재미도 있었던 책은 야마다 카네히토의《장송의 프리렌》이다. 그러나 이 책을 추천도서로 제시할 가능성은 제로다. 만화책이기 때문이다. 마법사가 나오는 판타지물인데, 기존의 판타지와 분위기가 다르고 주제도 차별성이 있다. 일본에서 만화대상도 받았고 우리나라에서도 히트하고 있다.

2022년 1월 말 기준으로 우리나라에는 4권까지, 일본에서는 6권까지 출간되었다. 그다음 내용이 궁금해서 일본 만화 원서를 6권까지 구해서 보기까지 했다. 나의 1월의 책은《장송의 프리렌》인 셈이다. 아무리 좋았어도 이 책을 추천할 수 없는 이유는 만화를 추천하면 추천도서 최종 목록에서 빠지기 때문이다. 추천도서 주관부서에서는 만화를 추천한 나를 이상하게 볼 게 뻔하다.

친구들에게는《장송의 프리렌》을 추천할 수 있다. 만화를 보는 사람과 만나면 이 책에 대해 이런저런 대화를 하겠지만 업무상으로 만나는 사람, 학계 사람, 추천도서 위원회 등에는《장송의 프리렌》을 이야기하지 않는다.

그다음으로 감명받은 책은《호모 스피리투스》다. 신비주의와 영적 탐구 분야에서 유명한 데이비드 호킨스의 책은 내게 명저다.《호모 스피리투스》를《장송의 프리렌》보다 높이 평가하지 않은 건 이 책이 부족해서가 아니다. 나는 그의 저작들을 대부분 읽었고, 이 책도 기본 맥락은 동일하기 때문이다. 그동안 많이 대했던 내용이므로 새로움 면에서 이 책을《장송의 프리렌》보다 우위에 두지 않았을 뿐이다.

그러면 이 책을 추천도서로 추천할 수 있을까.《호모 스피리투스》는 영적 탐구와 신비주의를 다룬 책이다. 이 분야에 관심이 없는 사람에게는 사이비 정신과학이나 유사 종교로 보일 수 있다. 이 분야를 아는 사람은 데이비드 호킨스의 책을 반기겠지만 그 외는 이상하게 볼 가능성이 있다. 심지어 추천하는 사람까지 의심의 눈으로 볼 수 있다. 그런 위험을 감수하면서까지 이 책을 공식적으로 추천할 수는 없다.

만화나 뉴에이지처럼 비주류로 여겨지는 분야 말고 일반적으로 주류로 인정하는 책을 추천하는 게 안전하다. 그런 책 중에서《달러구트 꿈 백화점》이 괜찮았다. 꿈을 만들어서 판다는 아이디어가 기발한 이 책은 100만 부가 넘게 팔린 베스트셀러다. 책 내용은 추천도서로 올려도 괜찮은데 문제가 있다. 판매 부수로 봤을 때 볼 사람은 다 봤다고 짐작할 수 있다. 그러니 추천도서로서 무슨 의미가 있겠나.

또 책을 좋아하는 사람 중에는 일부러 베스트셀러를 피하는 사람도 많다. 베스트셀러는 당대의 정서를 기반으로 하기에 시대를 초월한 양서는 베스트셀러에 올라가지 않는다고 여긴다. 그래서 당시 최고의 베스트셀러를 추천하는 것은 좋은 책이 아니라 인기 있는 책을 추천하는 거라고 생각한다. 추천자 입장에서 맘에 안 드는 평가를 받을 수 있어 이 책도 추천도서로 제시하기 어렵다.

《팬데믹 머니》는 코로나19로 풀린 많은 돈이 세계 경제와 국가 경제에 부담이 될 것이라고 이야기한다. 경제경영 분야 추천도서로 적당하다. 그런데 방송 다큐멘터리를 책으로 낸《팬데믹 머니》는 관련 내용을 알기 쉽게 소개하기는 했는데, 전문적이라기보다 경제에 대해 잘 모르는 일반인을 대상으로 한 것이다. 일반인이 보기에는 적합할 수 있지만, 경제학을 공부한 사람이 보기에는 깊이가 얕다. 전문가 사이에서는 뭐 이런 책을 추천하냐고 할 수 있다.

그렇다면 어떤 책을 추천도서로 제출할까. 책들을 다시 보니 아직 다 읽지는 않았지만 거의 읽은 책이 하나 있다. 정치학의 고전인 존 로크의 《통치론》이다. 읽기 시작한 지 오래되었다. 무슨 말인지 잘 모르겠고 재미도 없어서 기회가 될 때마다 몇십 쪽씩 읽고 있다. 이제 몇 번만 더 손에 잡으면 다 읽는다.

지금까지 읽은《통치론》내용은 잘 기억나지 않는다. 밑줄을 그으면서 읽었으니 그걸 훑어보면 괜찮은 구절들을 상기할 수는 있을 것이다. 한 달에 1권(40~50권 중 1권)은 고전이나 명저를 읽자는 생각으로 읽고 있다.

《통치론》은 다 읽지도 않았고 감동도 없었다. 하지만 올해 읽은 책 중에서 가장 좋았던 책으로 추천하면 사람들은 추천자인 나를 긍정적으로 볼 것이다. 책을 많이 읽는다더니 평소에도 이런 책을 읽는구나, 이런 책을 재미있게 읽는구나 하고 생각할 것이다.

그렇게 생각하지 않더라도 추천도서로 《통치론》을 제출하면 누구도 트집 잡지 않는다. 추천자에 대한 평가도 박해지지 않는다. 만화책, 뉴에이지 책, 베스트셀러, 대중서를 추천하면 추천자로서 나에게 불이익이 올 위험이 있는데, 이런 고전을 추천하면 큰 걱정이 없다. 나는 《통치론》을 추천하게 될 것이다.

기관의 추천도서는 이런 식이다. 자기가 읽고 좋았던 책이 아니라 다른 사람이 긍정적으로 봐줄 책을 추천하게 된다. 추천도서를 무시해도 좋은 이유 아닌가.

6

만화책도
책인가

내가 현재의 모습이 되는 데 큰 영향을 주었다고 스스로 인정하는 책들이 있다. 단순히 지식 측면에서가 아니라 사고방식에 영향을 준 책들이다. 중학교 때 몇 번씩 읽었던 《삼국지》, 《초한지》, 《열국지》, 《수호지》는 현재는 이 책들에 대해 비판도 하지만 큰 영향을 준 것만은 분명하다.

논픽션 세계에 눈을 뜨게 해준 《원자 폭탄 만들기》와 《황금의 샘》도 심대한 영향을 미쳤고, 《인간 등정의 발자취》도 세계관 형성에 큰 영향을 미쳤다. 《더 나아갈 수 없는 길》, 《신과 나눈 이야기》, 《로마인 이야기》, 《부자 아빠 가난한 아빠》와 다치바나 다카시, 웨난岳南, 슈테판 츠바이크, 마이클 클라이튼의 책들로부터도 영향을 받았다.

외부에는 지금 언급한 책들을 주로 이야기한다. 그런데 이런 '정식(?)' 책 말고도 큰 영향을 준 책들이 있다. 만화책이다. 중·고등학생 때는 《베르사유의 장미》, 《캔디캔디》, 《유리가면》, 《남녀공학》 등이 영향을 주었다. 중국 고전들처럼 이 만화책들도 5번 넘게 읽었다. 황미나의 《굿바이 미스터 블랙》과 신일숙의 《리니지》도 빠질 수 없다.

《도라에몽》과 《루팡 3세》도 어려서 좋아했고 이현세, 허영만, 박봉성, 이재학의 만화도 손꼽을 수 있다. 특히 허영만 만화 중에 《태양을 향해 달려라》(1979), 《고독한 기타맨》(1987), 《카멜레온의 시》(1986), 《오! 한강》(1988)은 내가 명작으로 인정하는 작품들이다. 아다치 미츠루, 다카하시 루미코 같은 일본 작가의 작품은 지금까지도 신간이 나올 때마다 찾아 읽는다.

옛날만이 아니라 현재도 마찬가지다. 《진격의 거인》은 최근 10년간 가장 큰 충격을 준 책으로 남아 있다. 만화책만이 아니라 일반서까지 포함해 가장 크게 마음을 흔든 책 중 하나다. 웹툰 《마음의 소리》의 조석 작가는 천재라고 생각한다. 《노블레스》, 《신의 탑》, 《유미의 세포들》도 빼놓을 수 없다. 웹툰이라도 감동을 준 이 작품들은 모두 책으로도 구매했다.

만화를 무시하는 사람들이 있다. 책이 만화보다 더 가치 있다고 생각하는 사람도 있다. 하지만 난 책의 가치는 자신에게 감정과 감동을 주느냐에 달렸다고 본다. 어떤 내용이든 형식이 어떻든 감정과 감동을 주고 새로운 지식을 준다면 내게 소중한 책이다.

오히려 만화는 일반 책보다 더 쉽게 내용을 전달해준다. 글과 그림으로 내용을 전달하므로 정보 전달이 더 잘된다. 대표적으로 일본 NHK에서 각 6권씩 출간한 만화 《지구 대기행》과 《지구 대진화》는 지구의 역사와 진화를 다룬 여러 책 중에서도 가장 풍부한 지식을 담고 있다.

음식과 요리사에 대해서는 《맛의 달인》, 도박은 《타짜》와 《도박 묵시록 카이지》를 꼽을 수 있다. 세계 각국의 역사와 문화는 이원복 교수의 《먼나라 이웃나라》 시리즈, 자동차 드라이빙은 《이니셜 D》가 일목요연하게 정리해주었다. 의사의 실체에 대해서는 의사가 쓴 어떤 책보다 웹툰 〈내과 박원장〉이 더 공감이 갔다.

나는 지금도 만화를 읽는다. 웃고 싶을 때 혹은 쉬고 싶을 때 찾는 게 만화다. 물론 지식도 얻으려고 만화를 읽는다.

책에 대해서는 언제든 사람들과 이야기할 수 있다. 친구들과의 대화에서나 학자들과의 토론, 전문가 워크숍 등에서 '얼마 전에 이런 책을 읽었는데 거기에 이런 것이 있었다'라고 말할 수 있다.

하지만 만화책은 그럴 수 없다. 만화책을 이야기하는 경우는 상대방도 만화를 볼 때뿐이다. 대화 속에서 어쩌다 만화책 이야기가 나오고, 서로 만화를 본다는 사실을 알게 되면 그때부터 만화 이야기가 시작된다. 이때는 일반 책보다 훨씬 재미있게 대화를 나누게 된다. 이야깃거리도 풍부하고 공감하는 부분도 많다.

하지만 만화를 이야기하는 것은 어디까지나 만화를 보는 사람들 사이에서뿐이다. 나에게 실질적으로 많은 영향을 주지만 밖에서 말하지 않는 것, 그중 하나가 만화다.

나는 매일 어떤 책을 읽었는지 기록하지만, 만화책을 카운트하기는 좀 그렇다. 만화는 대부분 책보다 훨씬 빨리 읽히기 때문이다. 그래서 일본 만화 기준으로 5권을 읽으면 1권으로 계산한다. 《귀멸의 칼날》을 5권을 읽으면 1권 읽은 것으로, 20권까지 읽으면 4권 읽은 것으로 계산하는 식이다.

1권을 읽는 데 적지 않게 시간이 걸리는 《타짜》는 1권으로 카운트한다. 읽는 시간을 고려해 간단한 책 1권 읽는 시간을 투자하면 1권으로 보고 그보다 적으면 몇 권을 묶어 1권으로 계산한다는 말이다. 일반 책보다 더 많은 시간이 걸렸다고 해서 1권을 읽고 나서 2권, 3권으로 카운트하지는 않는다.

웹툰은 50편을 보면 1권 읽은 것으로 계산한다. 처음에는 웹툰을 책으로 체크하지 않았는데 웹툰 분량도 많아지고 기억에 남는 웹툰이 더 생기면서 책으로 카운트하기 시작했다. 유명 웹툰은 책으로도 발간되니 50편을 책 1권으로 세는 건 괜찮다고 본다. 나는 현재 일주일에 11권을 읽는데 모두 순수한 책은 아니다. 그중에 1~2권은 만화책 또는 웹툰이다. 일주일에 책 9~10권, 만화나 웹툰이 1~2권이다. 그런 비중으로 만화책과 웹툰을 대하고 있다.

7

적극 추천!
잡지 읽기

책 읽기에는 단점이 있다. 책이라는 매체 자체의 문제 때문이다. 책에는 최신 정보가 없다. 책을 읽으면서 시대를 앞서간다고 생각해서는 곤란하다. 책에는 항상 과거 정보만 있다. 책 속의 정보는 모두 지나간 것들이고 현재의 최신 정보가 아니라는 사실을 인지해야 한다.

책이 최신 정보를 담지 못하는 이유는 제작하고 출판하는 데 절대적인 시간이 걸리기 때문이다. 일단 책은 쓰는 데 시간이 오래 걸린다. 책은 하루 이틀에 쓸 수 없다. 작곡의 천재는 영감이 떠오르면 몇 시간 만에 곡을 써내기도 한다. 발명의 천재는 아이디어를 떠올리고 며칠 만에 정리해서 특허 신청을 낼 수 있다. 논문도 하루 사이에 나올 수 있다.

그런데 책은 안 된다. 아무리 천재적 작가라 할지라도 며칠 사이에 책을 쓰는 것은 불가능하다. 책을 내려면 어느 정도의 분량이 있어야 한다. 머릿속에 내용이 있더라도 타자로 치고 정리하는 데는 시간이 걸린다. 빨라도 한 달이다. 몇 개월이 걸릴 수 있고 제대로 자료를 모으고 신중하게 쓰면 몇 년도 걸린다.

원고를 넘긴다 해도 바로 그다음 날 책이 나오는 게 아니다. 출판사는 원고가 넘어와도 다음 날부터 편집에 들어가지 않는다. 진행하는 원고가 있고 출간 일정이 있다. 원고를 완성한 후 몇 개월이 지나야 책이 나온다. 반년 정도 걸린다고 봐야 한다. 그래서 책이 나오면 책 속의 정보는 빠르다 해도 6개월 이전의 것이다.

일반인에게 6개월 정도면 최신 정보일 수 있지만, 전문가 사이에서는 최신 정보로 보기 힘든 내용이 많다. 시사적인 것은 최신 정보일 수가 없다. 경제 상황, 시장 상황, 정치 상황은 몇 개월이면 분위기가 달라진다. 6개월 전의 주식 투자에 대한 정보라면 지금은 가치가 없다.

책을 정보를 얻으려고 읽는 게 아니라는 건 책의 이런 한계점 때문이기도 하다. 책은 최신 지식이나 정보를 얻는 통로가 아니다. 책은 사고방식이나 세상을 보는 통찰력을 얻는 수단이다.

그런데 책의 이런 단점을 보완할 수 있는 게 있다. 바로 잡지다. 나는 가능한 많은 잡지를 보려고 애쓴다. 현재 정기구독하는 잡지가 15종이다. 주간지, 월간지, 계간지까지 고루 몇 개씩 보고 있다.

정보 측면에서 잡지는 내게 큰 도움이 된다.

최신 정보의 통로로는 잡지보다 신문이 더 낫지 않느냐고 할 수 있다. 신문은 매일 나오고 잡지는 일주일에 한 번, 한 달에 한 번, 분기별 한 번 나온다. 그러면 일간지 성격의 신문이 최신 정보를 얻는 데 더 도움이 되지 않을까.

물론 신문이 매일 나오니 정보가 더 빠르기는 하다. 하지만 신문은 사회의 모든 면을 조망한다. 어느 한 분야에 초점을 맞추지 않는다. 신문을 많이 읽어도 그 분야에서 전문 지식을 얻는 데는 한계가 있다. 신문만으로는 어떤 분야에서 무언가를 좀 안다고 말하기 힘들다.

잡지는 그 분야의 최신 정보를 소개하고 해당 분야의 이슈를 논의하는 '책'이다. 잡지 1권을 본다고 해서 그 분야를 알게 된다고 할 수는 없지만 같은 잡지를 1년이나 2년 정도 보면 그 분야에 대해 일반인보다 훨씬 많은 지식을 얻게 된다. 지식만이 아니라 해당 분야에 대한 거의 전문가적인 시각을 가질 수 있게 된다.

내가 잡지를 보게 된 건 《아티스트 웨이》에서 비롯되었다. 이 책은 서점에서 그동안 가보지 않았던 코너에 가보고 마음에 드는 것이 있는지 마음을 울리는 것이 있는지 살펴보라고 제안했다. 그 제안대로 잡지 코너를 들렀고 거기서 어떤 잡지의 표지를 보게 되었다. 사람의 해골이 그려진 표지가 눈에 띄었다.

이 표지가 마음을 끌었고 그 잡지를 샀다. 이 잡지는 〈퍼블릭 아트〉였고 표지를 장식한 해골 그림이 데미안 허스트의 작품임을 알게 된다. 그 후부터 이 잡지를 정기구독하게 된다. 나는 미술계의 문외한이었지만 몇 년간 〈퍼블릭 아트〉를 구독하다 보니 미술계에 대해 몇 마디 할 수 있게 됐다. 덕분에 그림도 사고 미술 잡지에 글을 쓰기도 했다.

잡지만으로 그 분야의 전문가가 될 수는 없지만, 일반인보다는 그 분야에 대해 훨씬 많은 것을 알게 된다. 일반인과 전문가 사이, 그 사이에 자신을 위치시키는 데 가장 좋은 방법은 그 분야의 잡지를 읽는 것이다.

책을 읽어도 가능하지 않을까. 시중에 나와 있는 미술 관련서들을 보자. 이 책들을 읽으면 그림과 화가는 알 수 있지만, 미술계의 이슈나 정책의 흐름이 어떤지 또 어떤 한계가 있는지는 알기 어렵다. 같은 분야라 해도 책의 내용과 잡지의 내용은 서로 다르다. 잡지는 책과 다른 시각을 얻는 데 도움이 된다. 이는 그 분야의 전문 지식에 보다 가까워지는 방법이기도 하다.

〈퍼블릭 아트〉를 읽으면서 잡지의 힘을 알게 되었다. 등산, 자전거, 낚시, 자동차, 오토바이, 여행, 패션 등 수많은 세부 분야 잡지가 있고, 그동안 몰랐던 분야의 잡지를 읽으면 새로운 세상이 열리는 느낌을 받았다. 새로운 것을 느끼는 것, 그동안 알지 못했던 것을 아는 데 새로운 잡지만큼 도움이 되는 것은 없었다.

물론 이건 처음 그 분야의 잡지를 대할 때뿐이다. 그 잡지를 1년 정도 지속적으로 보면 매달 내용이 거의 같아 보인다. 처음에는 몰랐는데 이제는 그 분야에 대해 지식 측면에서 어느 정도 알게 되었다는 뜻이다. 그 분야를 좋아하면 계속 그 잡지를 보게 되고, 관심이 사그라들면 더는 보지 않게 된다. 대신 다른 분야의 잡지를 집어 든다.

인터넷 세상인 지금, 잡지는 구닥다리에 사라지는 매체라고 알고 있을 것이다. 잡지는 신문과 다르다. 신문 시장은 급속히 줄어들었지만 잡지는 그렇지 않다. 미국 등에서 잡지 구독자 수는 인터넷 세상에도 불구하고 오히려 늘고 있다. 잡지는 책이나 인터넷에서 얻기 힘든 것을 채워주는 힘이 있다.

나는 정기구독하는 15종의 잡지를 포함해 거의 20권 가까운 잡지를 보고 있다. 이 중 내가 개인적으로 도움이 된다고 인정하는 잡지는 주간지 〈이코노미스트Economist〉, 월간지 〈르몽드 디플로마티크Le Monde Diplomatique〉, 계간지 〈스켑틱Skeptic〉이다. 이 3종의 잡지에는 따로 정리할 만한 내용이 많다. 이런 신기한 내용을 찾는 것이 책의 효용이라고 한다면 내게 잡지는 책보다 더 효율성이 높다.

참고로 나는 현재 일주일에 11권의 책을 읽는다고 했는데 이때 잡지는 포함되지 않는다. 대부분 잡지는 훑어보는 식이므로 제대로 읽는다고 보기 어렵다.

단, 잡지 중에서 다음의 3종은 카운트에 포함한다. 모든 잡지를 대표해 〈퍼블릭 아트〉는 꼭 카운트한다. 웬만한 책보다 읽는 데 시간이 걸리고 배우는 것도 많은 〈르몽드 디플로마티크〉와 〈스켑틱〉도 계산에 넣는다. 〈퍼블릭 아트〉 12권, 〈르몽드 디플로마티크〉

12권, 〈스켑틱〉 4권을 합해 1년에 28권이 내가 읽은 책 숫자에 포함된다. 잡지를 많이 읽어서 읽은 책 권수가 많은 것 아니냐는 이야기가 나올 수 있어서 말해둔다.

6장

어떻게
책을 읽을 것인가

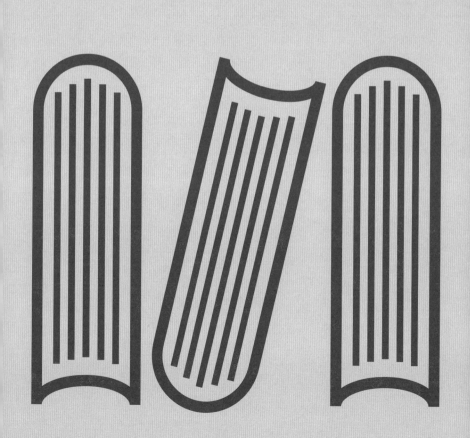

1

책 읽기는
엔터테인먼트이다

요즘 사람들은 책을 잘 읽지 않는다고 한다. 왜 그럴까. 정말로 책을 읽어본 적이 없는 사람이라면 그럴 수 있다. 책은 자연적으로 접할 수 있는 매체가 아니다. 책을 1권 읽으려면 많은 에너지가 소모되고, 그래서 한 번도 책을 읽지 않은 사람은 책과 친해지기 쉽지 않다. 하지만 최소한 우리나라 사람이라면 어려서부터 책을 읽은 경험이 있다.

어려서부터 부모는 자녀에게 책을 읽으라고 말해왔다. 모든 어린이집과 유치원에서는 책을 비치해두고 아이들에게 책을 읽어주고 또 읽게 했다. 학교에서도 책을 읽으라고 한다. 우리나라 학생들은 모두 수험생이다. 교과서, 참고서 등 많은 책을 읽었다. 공부를 안 하는 학생이더라도 고등학교를 졸업할 때까지 몇십 권 아니 몇백 권은 읽었다.

요즘 학생들도 마찬가지다. 인터넷과 유튜브가 지배적이라고 하지만 유치원과 초등학교에서는 여전히 책을 많이 읽힌다. 어린이 책 부문은 오히려 성장하고 있다. 중·고등학생들도 수험서만이 아니라 명작이나 고전을 많이 접한다. 수시 등 대학입학 방식이 다원화되면서 입시를 위해서라도 다양한 책을 읽는다.

이렇게 책을 읽었던 학생들이 대학교를 졸업하고 나면 더는 읽지 않는다. 나이가 들수록 대부분이 책을 멀리하게 된다. 어려서부터 책을 많이 읽은 사람들이 커서 책을 읽지 않는 이유는 무엇일까. 가장 큰 이유는 책 읽기에 대한 오해 때문이다. 사람들은 '책 읽기'를 '공부하기'로 오해하고 있다.

부모는 어린 자녀에게 장난감 대용으로 책을 사주는 게 아니다. 책을 읽으면 인지가 계발되고 똑똑해진다고 하니 권하는 것이다. 유치원과 초등학교에서 독서를 권하는 것도 보다 나은 사람이 되라는 의미이다. 컴퓨터 게임은 막고 책은 읽으라고 한다. 게임은 노는 것, 책은 공부하는 것이라고 생각한다.

중·고등학교에서 책 읽기는 공부다. 교과서와 참고서는 당연히 공부용이고 그 외의 책도 문제 풀이와 성적 향상에 도움이 되기 때문에 읽는다. 학교와 부모는 학생들이 책 읽기를 원해서 책을 읽으라고 하는 게 아니다. 수험과 관계없는 책, 대학입시와 상관없는 책을 읽으면 쓸데없는 짓을 한다고 비판한다. 책 읽기는 어디까지나 공부의 일환이다.

책 읽기는 공부이니 공부할 필요가 없게 되면 책도 읽을 필요가 없어진다. 학교를 졸업한 후에는 교과서와 참고서를 다시 펼쳐보지 않는다. 책도 수험용이었으니 졸업 후에는 더는 읽을 필요가 없다. 가까이할 이유도 없다.

졸업 후에도 책을 보는 사람은 대부분 목적이 있다. 자기계발을 위해 책을 읽는다. 보다 나은 삶과 성공에 대한 기대로 책을 대한다. 책 읽기는 공부이고 자기를 높여줄 수 있는 주요 수단이 된다.

하지만 책 읽기는 공부가 아니다. 책 읽기는 단순히 '노는 것'이고 '즐기는 것'이다. 영화를 보는 이유는 자기계발을 하거나 지식을 얻기 위해서가 아니다. 놀기 위해서다. TV를 보고 인터넷 서핑을 하고 음악을 듣는 이유도 즐기기 위해서다. 책도 즐기기 위해 읽는 것이다.

책 읽기가 어렵고 재미없는 이유는 책을 공부로 생각하기 때문이다. 그리고 공부가 되는 책만 찾았기 때문이다. TV가 재미있는지는 어떤 프로그램을 보느냐에 달렸다. 좋아하는 예능이나 드라마를 보면 TV 보기는 재미있는 일이 되지만 배우려고 교육용 방송만 보면 재미없는 활동이 된다. 교육용 방송만 보는 사람이 TV는 참 재미없는 매체라고 한다면 얼마나 웃긴 말인가. 교육용 책만 보는 사람은 책 읽기는 어려운 일이라고 생각한다. 예능이나 드라마와 같이 즐기기 위한 책, 재미있는 책이 넘쳐난다는 것을 모르기 때문이다.

사회과학 책과 자연과학 책은 재미있을 리 없고 어렵기만 하지 않느냐고 할 수 있다. TV에서 시청률이 높은 대표 분야가 뉴스다. 사회과학 책은 뉴스의 총집합체이다. 다큐멘터리나 내셔널지오그래픽 같은 채널도 일정한 시청률이 나온다. 사회과학이나 자연과학 책들은 이런 TV 프로그램과 같은 즐거움을 준다.

드라마를 좋아한다고 해서 방영하는 모든 드라마에 재미를 느끼는 건 아니다. 자기에게 맞는 드라마가 있다. 책도 그렇다. 자기에게 맞는 책을 읽으면 어떤 다른 엔터테인먼트보다 더 재미를 느낄 수 있다. 책은 자기계발에 도움이 된다는 생각으로 읽으면 그때부터 공부가 된다. 즐기면서 읽을 수 없는 이유다. 책을 읽으면서 재미있다고 생각할 때 계속 읽을 수 있다.

그렇다고 책이 재미없는데 억지로 '이건 재미있는 거야'라며 자신을 북돋우면서까지 읽을 필요는 없다. 그러면 어떻게 읽어야 할까. 간단하다. 처음부터 재미있어 보이는 책만 골라 읽으면 된다. 서점에는 에세이, 스포츠, 여행, 그림, 음악, 경제, 정치, 과학 등 다양한 분야의 책이 있다. 현대 사회의 수많은 면면이 책의 형태로 나와 있다고 보면 된다.

그 많은 책 중에서 그 어떤 것에도 재미를 느끼지 않기란 힘든 일이다. '난 취미도 없어'라고 해도 서점에는 어떤 취미도 없는 사람에 대한 에세이가 있다. 어떤 분야든 몇십 권은 발견할 수 있을 것이다. 사람은 웃긴 이야기에서만 재미를 느끼는 게 아니다. 그동안 몰랐던 새로운 것을 알게 될 때도 재미를 느낀다. 책의 주요 기능은 이 새로운 것을 알게 해준다는 점이다. 새로운 것을 아는 재미를 맛보게 되면 자연히 책에 눈길이 가게 된다.

책을 읽는 이유가 자기계발이나 공부가 아니라 재미가 되면 책을 선정하는 기준이나 읽는 기준이 달라진다. 고전은 읽어야 할까 말아야 할까. 자기계발을 하려면 읽어야 할 것 같지만 재미가 기준이라면 읽지 않아도 된다. 읽기 시작했어도 재미가 없으면 책을 덮어도 된다. 첫 화를 봤다는 이유로 재미없는 드라마를 억지로 끝까지 볼 필요는 없지 않은가.

만화도 그렇다. 재미가 목적이라면 만화는 훌륭한 책이 된다. 다른 사람이 좋다고 해도 내가 재미없으면 읽을 필요가 없다. 반대로 다른 사람은 재미없다고 해도 내가 재미를 느끼면 좋은 책이다. 재미는 각자의 기호다. 책을 판단하는 기준도 각자의 기호다.

재미로만 책을 읽으면 좋은 책을 읽지 못하고 별 도움이 안 되는 책만 읽게 되는 건 아닌지 걱정하는 사람이 있다. 그렇지 않다. 처음에는 만화책만 재미있게 느껴질 수 있지만 읽다 보면 점점 재미를 느끼는 분야가 늘 것이다. 그러면 재미를 느끼는 책도 많아지고 나중에는 고전에서도 재미를 느끼게 된다.

사람이 흥미를 느끼는 분야는 바뀌거나 확대되고 깊이도 달라진다. 거기에 따라 재미를 느끼는 책도 달라진다. 그런 재미를 따라서 책을 읽으면 된다. 책은 재미있어서 읽는 것이다. 공부하려고 읽는 게 아니다. 책 읽기는 노는 것이다.

2

분석, 비평, 평가
금지

영화를 보는 방법에는 2가지가 있다. 하나는 그냥 보면서 즐기는 것이다. 영화가 보여주는 대로 따라가다 보면 몰입하게 되고 어느 순간 영화가 끝나 있다. 재미없는 영화는 몰입이 안 되고 자꾸 딴생각을 하게 만든다. 아주 재미없는 영화는 더 이상 볼 수 없어서 도중에 극장을 나오게 된다.

다른 하나는 영화를 분석하며 보는 것이다. 스토리 구조상 어디까지가 도입부이고 어디서부터 사건이 벌어지고 언제 클라이맥스가 되는지 등을 분석하면서 본다. 배우의 연기와 카메라 앵글도 분석한다. 일반적으로는 이런 식으로 영화를 보지 않는다. 영화 전공자나 영화감독, 카메라 또는 조명 등 영화 관련 일을 하(려)는 사람은 이렇게 영화를 분석하면서 본다.

어떤 게 더 나은가. 더 나은 건 없다. 영화를 보는 목적에 따라 달라질 뿐이다. 재미를 위해 영화를 보는 사람은 줄거리만 따라가도 된다. 하지만 영화 업계에서 일하(려)는 사람은 영화를 분석하면서 보는데, 이럴 경우에는 일반인은 잘 모르는 영화의 다양한 측면까지 알 수 있다. 이렇게 다양한 측면을 알게 되니 분석하며 보기가 더 나은 방법 같다. 그러나 분석하면서 볼 때는 희생해야 할 게 있다. 재미와 감동이 반감된다.

책을 읽는 방법에도 2가지가 있다. 하나는 책의 내용을 따라가며 읽는 방식이다. 내용을 읽으면서 여러 가지를 알아가고 재미나 감정을 느끼게 된다. 책이 재미없거나 무슨 내용인지 이해하기 어려우면 대강 본다. 도무지 무슨 말인지 모르겠고 시간 낭비 같다고 판단이 서면 도중에 책을 덮는다.

다른 하나는 책의 내용을 분석하며 읽는 방식이다. 저자의 주장과 사례를 분석하고 줄거리도 분석한다. 저자가 왜 그런 주장을 하는지 파악하려 하고 문장과 문장 사이에 숨은 의미를 찾아내려 한다. 앞뒤 말의 일관성도 검토하고 저자가 자신의 주장을 증명하고 있는지 아니면 자기 생각만 주장하는지 등도 검증한다.

나는 책 읽는 방식은 독자 마음 가는 대로 읽는 게 정답이라고 생각한다. 책은 '독서 전공자' 혹은 '독서 기술자'가 되기 위해 읽는 게 아니다. 전공이나 기술이라면 이렇게 해야 한다는 매뉴얼이 있어야 한다. 그 매뉴얼을 따를 때 더 나아진다. 하지만 독서는 그런 매뉴얼이 필요 없다. 마음 내키는 대로 읽어도 별문제 없다.

그럼에도 책을 읽을 때 이래서는 곤란한 것이 있다. 책을 분석하면서 읽는 것이다. 앞뒤를 맞추려 하고 저자 주장의 타당성을 검증하면서 읽는 것이다. 분석하면서 읽는 것을 반대하는 이유는 얻는 게 별로 없기 때문이다. 영화를 볼 때 분석하면서 보면 재미가 반감된다. 영화를 보는 이유는 재미를 느끼기 위해서인데 분석하면서 재미를 희생한다는 것은 본말이 전도된 것이다.

책을 읽는 이유도 새로운 것을 알고 느끼기 위해서인데 분석하면서 읽으면 새로운 것을 배우거나 느끼지 못한다. 책을 읽는 의미가 없는 것이다. 설사 새로운 것을 알고 느끼더라도 부차적인 게 되어버린다. 이렇게 분석하면서 읽으면 아무리 많이 읽어도 책을 읽을 때의 장점은 나타나기 힘들다.

하지만 그래도 분석하면서 읽으면 도움이 되는 게 있지 않겠냐고 생각할 수 있다. 영화를 분석하면서 보면 영화 전문가나 영화계의 사람이 될 수 있지 않은가. 이처럼 책을 분석하면서 읽으면 책 분야의 전문가가 될 수 있지 않을까.

글을 분석하면서 읽으면 전문가가 되는 건 맞다. 그런데 이런 식으로 분석하면서 글을 쓰고 읽는 분야는 따로 있다. 학술논문과 학술서적 분야다. 순수문학도 포함된다. 여러분이 학술논문과 순수문학을 분석적으로 읽고 비평하면 세상은 여러분을 훌륭한 학자 또는 비평가로 칭송할 것이다.

학술서적에서 앞뒤가 맞지 않음을 밝혀내고 논증에 무리가 있음을 증명하면 훌륭한 비평가로 인정받을 수 있다. 이 분야는 글과 책을 분석적으로 보는 사람들이 주류이다. 그냥 내용이 좋고 창의적이고 함의가 깊다고 하는 것은 별 의미가 없다. 본문 내용이 아무리 좋아도 각주가 잘못 달리거나 서론과 결론이 모순되거나 논리 전개상 이상한 곳이 하나만 있어도 그 논문은 '쓰레기'가 된다. 이 분야에서는 분석적으로 글을 읽는 것이 필요하고 또 거기에 맞춰 글을 써야 한다.

분석적으로 글을 읽는 것을 좋아하고 그냥 읽어도 자연스럽게 분석이 되는 사람이라면 논문, 학술서적, 순수문학 부문에서 비평가로 활동하면 괜찮을 것이다. 이런 유의 책은 분석적·비평적으로 읽어도 된다. 하지만 일반 책은 얘기가 다르다. 본인이 힘들게 책을 읽어도 얻는 게 거의 없고 분석적으로 비평했다고 인정해줄 사람도 없다. 읽고 즐기자는 목적으로 출간하는 일반 책을 분석한다고 무슨 의미가 있겠는가.

그리고 분석적·비평적 책 읽기에는 큰 단점이 있다. 분석과 비평 작업은 평가자 입장에서 상대방의 문제점을 지적하는 일이다. 자기가 상대보다 우월함을 전제로 한다. 본인은 그럴 의도가 없었다 해도 평가는 그렇다. 서로 평등한 위치이고 공식적으로 위계가 없더라도 평가자는 자연적으로 갑이, 피평가자는 을이 된다.

책을 읽을 때 분석하고 평가한다는 것은 자기가 평가자가 되고 저자는 평가받는 사람이 된다. 자연적으로 자기가 저자보다 아니 책보다 더 우월하고 똑똑한 사람이 되어버린다. 모든 학자가 잘난

맛에 사는 이유는 그 때문이다. 다른 논문과 학술서적들을 분석, 평가, 비평하는 것이 주 업무이다 보니 스스로 똑똑한 사람으로 생각하게 된다.

사람은 자기보다 낫다고 생각하는 사람에게 무언가를 배운다. 자기보다 못하다고 생각하는 사람에게 배우는 일은 거의 없다. 배울 게 있더라도 무시해버린다. 분석자, 평가자 입장에서 책을 읽으면 책보다 자기가 더 똑똑한 게 된다. 책의 단점만 잔뜩 눈에 들어오고 장점은 잘 보이지 않는다. 설사 장점이 들어온다 해도 받아들이지 못한다. 책을 읽고 많이 알아도 이를 체화하지 못하는 것이다. 책을 통해 자기가 변화하는 경험도 당연히 불가능하다.

논문, 학술서적, 순수문학은 분석하고 비평해도 된다. 오히려 장려하는 행위다. 하지만 일반 책을 읽을 때 분석, 비평, 평가하면서 읽는 건 긍정적이지 않다. 책의 내용을 자연스레 따라가면서 읽고 정 맘에 들지 않으면 휙 넘기거나 덮는 게 낫다.

책이 자기보다 낫다는 발상으로 책을 읽어야 한다. 자기가 더 우월하다는 마음가짐으로 책을 읽을 때는 책에서 그 어떤 것도 얻을 수 없다.

좋은 책만 읽겠다는 건 과욕인가

책을 고를 때 신중한 이들이 있다. 배우고 느끼는 게 많은 책만 읽으려 하는 것이다. 어찌 보면 당연하다. 책 읽기는 시간과 비용이 꽤 드는 일이기 때문이다. 책값이 들고 빨리 읽어도 몇 시간은 투자해야 한다. 그렇게 돈과 시간을 투자했는데 얻는 게 없다면 기분이 나쁘고 화가 나기도 한다. 그러니 책을 고를 때 신중해진다. 좋은 책이라고 골랐는데 읽어보면 실망하는 일도 적지 않다. 어떻게 하면 좋은 책을 잘 고를 수 있을까.

내 대답은 '좋은 책을 고르는 방법은 없다'이다. 특히 자기에게 감흥과 도움을 주는 책을 고르는 방법은 없다. 좋은 책을 만나는 방법은 하나밖에 없다. 많이 읽는 것이다. 가리지 말고 다독하면 그중에 감동과 영향을 주는 책을 만나게 된다. 좋은 책은 미리 고를 수 있는 게 아니다. 읽다 보면 자연스럽게 만나게 된다.

난 문화 상품 중 책이 가장 주관성이 강하다고 생각한다. 히트한 영화나 드라마를 보면 나도 재미있다. 그렇지 않더라도 기본은 한다고 생각한다. 크게 유행한 영화와 드라마를 보고 이게 뭐냐고 욕하는 일은 많지 않다.

책은 아니다. 책은 다른 사람이 좋다고 해도 내게 좋을지는 모를 일이다. 베스트셀러도 추천도서도 소용없다. 오랜 시간 이어져 온 전통 있는 음식은 대부분의 입맛에 맞다. 하지만 책은 오래전부터 있어왔다 하더라도 재미를 느낄 수 없는 것이 더 많다.

영화, 드라마, 음악은 대중의 취향을 고려하고 많은 사람이 보고 듣기를 기대하며 제작한다. 반면 책은 대중을 대상으로 하지 않는다. 대부분은 처음 만들 때부터 특정 타깃을 목적으로 한다.

요즘은 1만 권만 팔려도 베스트셀러가 된다. 베스트셀러가 목적이라고 해도 1만 명이 봐줄 만한 책을 만든다는 뜻이다. 우리나라 인구는 대략 5000만 명이다. 책을 직접 사지 않는 어린 층을 제외하면 4000만 명이 된다. 1만 명이라는 수치는 4000명 중 1명이 관심을 가진다는 뜻이다. 0.1%도 안 되는 극소수 집단을 대상으로 책을 출간하는 셈이다.

출판 시장에서는 2000권만 팔려도 실패하지 않은 축에 든다. 이 말은 2만 명 중 1명이 산다는 것이다. 2만 명 중 단 1명이 가지고 있는 취미인 셈이다. 그게 나에게 맞을 확률은 거의 없다. 좋은 책이라도 2만 명 중 1명만 좋다고 하는 것이다. 베스트셀러라고 해도 4000명 중에서 한둘이 좋다고 하는 것이다. 그러니 누가 좋았다고 해서 그 책이 나에게도 좋을 가능성은 적다.

영화와 드라마는 다른 사람의 의견을 중요한 기준으로 놓고 봐도 된다. 여행지도 다른 사람들이 추천한 곳을 위주로 돌아봐도 된다. 하지만 책은 다른 사람의 추천이 도움이 되지 않을 것이다. 다른 사람이 좋다고 한 책 10권 중에서 나도 감동하는 책이 1~2권이라도 나오면 운이 좋은 편이다.

좋은 책을 읽으려고 노력한다고 해서 좋은 책이 찾아지지 않는다. 마음에 드는 책, 읽어보고 싶다고 느껴지는 책 등을 읽다 보면 나에게 영향을 주는 책이 나타나게 된다. 좋은 책만 읽으려고 하지 말고 읽고 싶은 느낌이 드는 책을 읽어라. 그러다 보면 좋은 책을 만나게 된다. 내가 책을 고르는 방법은 다음과 같다.

첫째, 신문이나 잡지에서 추천하는 도서를 눈여겨본다. 주요 신문은 매주 책을 추천하는 지면을 따로 마련한다. 잡지에도 이주의 신간, 이달의 신간 코너가 있고 서평 기사들이 실린다. 이 책들의 제목과 주요 내용을 훑어보면서 괜찮아 보이는 책을 고른다. 이렇게 하면 일주일에 몇 권을 고를 수 있다.

둘째, 책을 읽다 보면 책 안에서 다른 책을 언급하기도 한다. 어떤 책에서 이런 내용과 주제를 말하고 있다는 이야기를 한다는 말이다. 이때도 그 책을 찾아둔다. 좋은 책 안에서 언급하는 책이 좋은 책일 가능성이 크다.

셋째, 서점을 자주 둘러본다. 일주일에 한 번 정도는 대형서점에 들러 전반적으로 훑어본다. 그렇게 서점을 둘러보다 보면 눈길을 끄는 책을 접할 수 있다. 이 방법으로 구매하는 책이 가장 많다.

내가 읽는 책은 언론에서 추천한 책, 읽고 있는 책에서 추천한 책, 서점에서 직접 보고 고른 책이다. 그러면 모두 괜찮고 좋은 책들 아닐까. 물론 그 책들은 객관적으로 의미가 있고 기존 책들과는 시각이 다르다. 그러면 이 책 중에서 몇 권 정도를 좋은 책으로, 나에게 도움이 되는 책으로 평가할 수 있을까.

난 책을 읽으면 그날의 메모에 제목을 적는다. 그 책이 감명을 주었으면 제목 옆에 별표를 붙인다. 영향력의 크기에 따라 별 1개에서 3개까지 표시한다. 별이 1개라도 붙으면 그 책은 내게 좋은 책이라는 의미다. 읽기를 잘했다 또는 도움이 되었다고 느끼는 책이다.

그러면 내가 읽은 책 중에서 몇 권이나 별표가 붙어 있을까. 좋다고 생각한 책의 비율은 어느 정도일까. 50권 정도 읽으면 1~2권 정도에 별표가 붙는다. 50권 중 영향을 끼친 좋은 책이 1~2권밖에 안 된다는 뜻이다. 아무 책이나 고른 게 아니라 언론에서 추천한 책, 다른 책에서 추천한 책, 직접 서점에서 보고 고른 책을 읽는 데도 그렇다.

이 비율은 지금만이 아니라 항상 그 정도였다. 1년에 50권 정도 읽은 대학 때는 1~2권밖에 감명받은 게 없었다. 1년에 500권을 읽는 지금은 10권 정도 만난다. 읽는 권수는 늘었지만, 영향을 주는 책의 비율은 거의 변하지 않은 것이다. 50권을 읽어야 변하는 게 한두 가지 있는 셈이다.

10권을 읽었는데 느낌이 없다거나 배우는 게 없다는 사람이 있다. 20권을 읽었는데 특별한 게 없다는 사람도 있다. 그런데 나는 10권이나 20권 읽고 무언가 변할 거라고 생각한다는 게 납득되지 않는다. 50권을 읽어야 1~2권에서 영향을 받으니 말이다.

좋은 책만 읽겠다는 건 거의 불가능에 가까운 희망 사항이다. 많이 읽다 보면 자신에게 맞는 좋은 책이 나타난다. 나는 50권을 읽으면 1~2권이 좋은 책으로 남고 또 삶에 의미를 준다. 그 정도만 되어도 감사한 일 아닌가.

4

깊이 생각하기
vs 책 읽기

공자의 《논어》 〈위정〉편에 이런 말이 나온다.

"學而不思卽罔 思而不學卽殆(학이불사즉망 사이불학즉태)."

'배우기만 하고 생각하지 않으면 허황되고, 생각하고 배우지 않으면 위태롭다'는 의미다. 여기서 배운다는 뜻의 '學(학)'은 일반적으로 책 읽기를 가리킨다. 당시 공자가 말하는 '배우는 것'은 책 읽기를 통한 배움을 의미했다. 공자의 이 말은 배우는 것과 생각하는 것 사이, 즉 책 읽기와 사색하기 중 어디에 더 중점을 두어야 하는지에 대한 하나의 지침으로 쓰인다.

책만 많이 읽고 생각을 하지 않으면 어리석어진다. 책만 읽은 사람은 샌님일 뿐이다. 사회에 적응하지 못하고 현실과 동떨어진 판단을 하는 허황된 사람이 되기 쉽다. 그러니 책만 열심히 읽으면 안 된다. 사고, 즉 생각을 많이 해야 한다.

그렇다고 생각만 많이 하는 것도 안 된다. 아무리 생각을 많이 해도 새로운 것을 알아내기는 힘들다. 스스로 생각을 많이 한다고 해서 그동안 몰랐던 지식이나 사고방식을 새로 알게 되기는 어렵다는 말이다. 책을 읽으면 새로운 지식이나 사고방식을 배울 수 있다. 그러니 책 읽기와 생각하기를 같이하라는 얘기다. 어느 것 하나에 치우치지 않고 책을 읽고 또 생각해야 성장할 수 있다는 의미다.

맞는 말인 것 같다. 책만 읽으면 제대로 된 사람이 되지 못할 것 같다. 하지만 나는 (감히) 공자의 이 말에 찬성하지 않는다. 생각하기보다 책 읽기가 훨씬 중요하다고 본다.

'생각하지 말고 읽으라.' '혼자 고민하고 알아내겠다고 애쓰지 말고 책을 읽으라.' 이것이 내 생각이다. 공자와 달리 생각보다 책 읽기가 더 중요하다고 보는 이유는 3가지다.

첫째, 공자가 이 말을 한 시대와 지금 시대는 다르다. 공자는 춘추전국시대 사람이다. 당시 책은 어떤 것이었는지 생각해보자. 유명한 책으로는 《역경(주역)》, 《시경》, 《서경》 등이 있었는데 점치는 책, 문학책, 잠언집이다.

공자 이후의 책으로는 《노자》, 《손자병법》, 《오자병법》, 《춘추》 등이 있다. 이 또한 역사책 또는 잠언집이다. 《손자병법》, 《오자병법》이라고 해서 오늘날의 군사학 책처럼 싸우는 방법에 대해 구체적으로 기술된 게 아니다. '싸우지 않고 이겨야 한다' 같은 철학적이고 잠언적인 내용을 다루고 있다.

조선 시대도 책이라 하면 사서삼경이 대표적이었다. 어떻게 하면 보다 좋은 사람이 될 수 있는지에 대한 이야기들이다. 실제 이 사회가 어떻게 돌아가는지, 현실이 어떤지 등을 자세히 언급하는 책은 굉장히 드물었다. 대부분은 이상향과 도덕적인 이야기로 가득 찬 책들이다.

그래서 그 시절에는 책을 많이 읽고 책에 적힌 대로 살려는 사람은 오히려 괴짜가 되기 쉬웠다. 돈키호테처럼 현실은 모르고 책대로만 사는 사람이 되어버린다. 그래서 책만 읽고 생각을 하지 않으면 안 된다는 것이다. 현실을 고려하고 책의 내용과 현실이 어떻게 다른지 생각해야 한다.

지금 당장 《논어》, 《맹자》, 《순자》, 《한비자》, 《대학》, 《중용》, 《소학》, 《천자문》 등 조선 시대 사람들이 주로 읽었던 책들을 읽어보라. 이 책들은 '이래야 한다'는 당위적·도덕적 어구들로 가득 차 있다. 도덕책 아니 바른 생활 책만 읽는 것이다. 이래서는 현실을 모르는 바보가 되고 만다.

지금의 책은 다르다. '이래야 한다'는 도덕적·관념적 책도 있지만, 현실을 다루고 있는 책이 대부분이다. 현시대의 흐름, 본인의 경험, 새로 알게 된 지식이 절대적인 비중을 차지한다는 말이다. 물론 과거를 이야기하는 역사책이나 자서전도 많이 있다. 하지만 대부분의 책은 과거 이야기는 잘 하지 않고, 과거 이야기라 하더라도 현재와 미래에 의미가 있는 것만 책으로 나온다.

조선 시대 때는 현실을 알려면 생각을 해야 했다. 책만 읽으면 현실은 알 수 없었다. 현실이 아니라 과거 이상향만 다뤘기 때문이다. 지금 책은 현실을 이야기한다. 도덕적이고 관념적인 것을 다루는 책은 소수다. 현실을 보다 잘 이해하려면 생각하는 것보다 책을 더 읽는 것이 도움이 된다는 말이 이제는 이해가 갈 것이다.

둘째, 인간은 이성의 동물이다. 생각한다는 점에서 인간은 동물과 다르다. 인간의 이성과 생각이 동물과 달리 현재의 인간 문명을 만들었다. 그 점은 분명하다. 그런데 돌이켜보자. 우리는 종일 어떤 생각을 하며 지내는가. 아침에 일어나 밤에 잠들 때까지 자기가 하는 생각이 무엇인지 점검해보자. 그 생각 중 인간 문명에 도움이 되는 무언가가 있는가. 이성의 동물이라는 말에 적합할 만큼 가치 있는 생각을 하고 있는가.

우리는 많은 생각을 하는데 대부분은 잡념이고 망상이다. 과학, 기술, 예술 등이 인간의 특징이라고 하지만 막상 살아가면서 이런 걸 생각하지 않는다. TV 연예프로그램 또는 연인이나 친구, 직장 동료와의 관계를 생각하고 고민한다. 가만히 들여다보면 심각한 고민이 별로 없다. 실제 일어나지도 않을 일을 걱정하는 데 대부분 시간을 보낸다.

직장을 다닌다고 해서 항상 새로운 가치를 만들고 새로운 것을 알기 위해 고민하는가. 직장인이 고민하는 1순위는 점심 메뉴라고 한다. 승진이나 연봉, 상사와의 갈등을 고민하지 정작 새로운 것을 알기 위해 고민하는 시간은 아주 드물다.

우리가 중요한 생각을 하며 산다면 책을 읽는 것보다 생각하는 게 더 도움이 될 수 있다. 하지만 우리가 하는 대부분의 생각은 그저 잡념일 뿐이다. 그렇다면 그 시간에 차라리 책을 읽는 게 낫다. 대부분 독서는 생산적이고 진지한 고민을 희생하는 것이 아니다. 잡념이나 망상으로 시간을 보내는 대신 책을 읽는 것이다. 인간의 생각이라는 것에 큰 의미를 두지는 말자.

셋째, 설사 중요한 것을 알아내기 위해 고민이 필요하다 하더라도 혼자 힘들여 고민하는 것보다는 책을 읽는 게 현실적으로 더 도움이 된다. 해결책이나 답을 찾고자 할 때 고민만 열심히 한다고 해서 새로운 해결 방안이 나오던가. 어떤 문제를 붙잡고 종일 고민해봐도 획기적인 해결책이 나온다는 보장은 없다.

인간의 사고능력에는 한계가 있다. 자기 수준에서 고민하고 노력해봤자 그 정도의 해결책밖에 떠오르지 않는다. 진짜 해결책을 찾으려면 고민만 하기보다 수준을 끌어올리는 게 더 중요하다. 그 문제와 관련된 책을 읽으면서 사안에 대해 좀 더 넓고 깊게 알게 되면 최소한 혼자 고민하는 것보다는 더 쉽게 더 좋은 해결책을 찾을 수 있다.

물론 책에 이럴 때 이렇게 하라는 명시적인 해결책이 적혀 있지는 않다. 하지만 관련 책을 읽으면 간접적으로 문제 해결을 위한 통찰을 얻을 수 있다. 사람은 주변에서 자기가 원하는 것을 찾기 마련이다. 책을 읽으면 문제 해결에 도움이 되는 실마리를 찾을 수 있다. 그것도 혼자 고민해서 얻는 것보다 더 수준 높은 해결책을 말이다.

생각하지 말고 그냥 책을 읽자. 그게 열심히 생각하고 고민하는 것보다 더 현실을 알 수 있고 더 좋은 해결책을 찾을 방법이다. 공자님의 말씀은 과거의 잠언으로 생각하고 넘어가자.

5

그들은 왜
책을 읽지 말라고 했을까

책 읽기는 긍정적인 행위로 여겨진다. 그런데 실제로는 책을 읽지 말라는 경우도 심심찮게 발견할 수 있다. 왜 그럴까.

가장 일반적인 것은 책을 읽지 말고 공부하라는 요구이다. 수험생이 시험과 관계없는 책을 읽으면 쓸데없는 짓을 한다고 생각한다. 수능 공부를 할 때 시험과 상관없는 베스트셀러 소설을 보고 있으면 읽지 말라고 한다. 취직 시험이나 자격증 시험을 준비할 때도 수험 관련서가 아닌 다른 분야의 책을 보면 공부 대신 딴짓을 하는 것으로 생각한다.

역사적으로도 책을 금지하는 일이 많았던 이유는 책을 읽는 사람은 체제에 순응하지 않고 반항하는 경우가 많았기 때문이다.

정부나 권력자들은 국민이 자신들이 시키는 대로 비판 없이 순응할 것을 요구했다. 그런데 책을 읽은 사람은 그들의 바람과는 달리 권력에 반항하고 비판적이다. 물론 어용학자도 많지만, 책을 많이 읽으면 정부와 권력에 비판적이게 된다.

이건 어떤 책을 읽느냐에 따라 달라진다. 정부를 비판하거나 사회 문제를 제기하는 책을 읽으면 자연히 정부에 부정적이게 된다. 정부를 좋게 이야기하는 책만 읽은 사람은 그다지 비판적이지 않다. 그래서 역사적으로 많은 국가에서 책의 출판과 유통을 금지하거나 검열했다.

지금도 중국에서는 공산주의, 마오쩌둥, 시진핑 등에 비판적인 책은 출간하지 못한다. 사회 부조리를 밝히는 책도 유통을 금지하고 있다. 우리나라에서도 1980년대까지 《자본론》 같은 공산주의 관련 서적이 주로 금서였다. 이런 책들을 많이 읽으면 반정부적 사고방식을 가지게 되고 행동하게 된다는 것을 알았기 때문이다.

이렇게 쓸데없는 책을 읽지 말고 공부하라는 것이나 사회 비판적인 책을 읽지 말라는 논리는 나름대로 익숙하다. 이런 경우 외에도 책을 읽지 말라고 제안하는 사람이 있다. 성철 스님을 대표적으로 꼽을 수 있다.

성철 스님은 조계종 종정을 지낸 분이다. 종정이라고 하니 많은 종정 중 한 분이라고 생각할 수 있는데, 그는 종정이라는 직위를 떠나서 당대 최고의 스님(큰스님)으로 존경받았다. 그런데 성철 스님이 제자들에게 강조한 말이 있다. 책을 읽지 말라는 것이다.

줄리아 카메론의 《아티스트 웨이》는 아티스트, 즉 창조하는 사람이 되려면 어떻게 해야 하는지를 다룬 책이다. 1992년에 처음 발간되었고 이후 세계적인 베스트셀러가 되었다. 베스트셀러라는 점이 중요한 게 아니라 실제 어떻게 하면 창조성을 발휘할 수 있는지를 제시했다는 점에서 훌륭한 책이다.

창조성이 있어야 한다 또는 창조적이어야 한다고 말은 많이 하지만 어떻게 하면 창조성을 기를 수 있는지는 잘 모른다. 그런데 《아티스트 웨이》는 그 방법을 제시한다. 이 책에서 제시한 방법으로 창조적인 일을 하게 된 사람도 많다. 그래서 창조성 계발을 이야기할 때 빠지지 않고 언급되는 책이다.

이 책에는 창조성을 계발하기 위해 해야 할 일 중 하나로 책을 읽지 말라고 한다. 책에서 제시하는 과제를 하는 몇 주간은 책을 보지 말라고 제안한다. 이 책이 출간되었을 당시는 인터넷도 스마트폰도 없던 시절이다. 당시 사람들은 지금보다 책을 더 많이 대했다. 그런데 책을 보지 말라고 강력하게 제안했다. 책은 창조성 계발을 막는 존재라는 이유에서였다.

성철 스님과 《아티스트 웨이》가 책을 읽지 말라고 한 이유는 무엇일까. 이 개념은 책 읽기의 장단점을 인식하는 데 도움이 된다.

정신 수양에서 중요시하는 게 있다. 마음을 일으키지 않는 것이다. 잡생각을 하지 않는 것이 정신 수양에서 중요하다. 아무 생각도 하지 말라는 것인데 이게 힘들다.

사람의 마음을 자세히 관찰해보면 생각 없이 있는 시간은 거의 없다. 이런저런 생각이 끊임없이 떠오른다. 좋은 생각이든 나쁜 생각이든 상상이든 망상이든 마음속에 떠오른다. 이런 생각이 없어져야 생각 아래에 있는 바탕이 드러날 수 있다. 물보라가 사라져야 물속이 보이고 밑바닥이 보인다. 이 마음의 바다를 보려면 물보라인 생각이 사라져야 하는데 생각을 없애는 게 보통 어려운 일이 아니다.

생각을 완전히 사라지게 할 수는 없지만, 선과 호흡법 등을 통해 상당 부분 없앨 수는 있다. 호흡법은 모든 감각을 호흡에만 집중한다. 숨을 들이마시고 내뱉는 것만 생각한다. 그러면 다른 생각은 모두 사라질 수 있다. 선에서도 무언가 하나에만 집중한다. 그러면 쓸데없는 생각을 없앨 수 있다. 생각하지 않는 게 가장 좋지만 그게 어려우니 하나에만 집중하고 다른 생각은 없애는 것이다.

자기 자신이라는 강의 밑바닥을 보는 게 중요한 정신 수양에서는 어떤 유형의 생각이든 마음을 점유하는 것은 부정적으로 본다. 그런데 책도 없애야 할 생각 중 하나이다. 잡생각, 망상, 상상보다는 나은 생각이라고 하지만 어쨌든 생각은 생각이다.

책을 읽으면 머릿속에서 생각이 돌아가고 축적된다. 좋은 생각을 가지자는 측면에서 보면 긍정적이지만 생각 그 자체를 좋지 않은 것으로 보는 입장에서는 부정적인 것이다.

그런 의미에서 성철 스님이 책을 읽지 말라고 한 것을 충분히 인정할 수 있다. 스님은 정신 수양을 하는 것이 업이다. 선을 하고 호흡법을 수련하면서 마음을 다스린다. 이때 책은 마음의 물보라를 일으키는 대상이 된다. 생각을 일으키지 않으려면 책을 읽지 않아야 한다.

《아티스트 웨이》에서 책을 보지 말라는 것도 유사한 이유다. 이 책은 인간 내면의 본성에 창조성이 있다고 본다. 창조성을 계발하려면 다른 일을 할 필요가 없다. 우리 내면의 본성이 드러나게 하면 자연적으로 창조성은 발휘된다.

그렇다면 어떻게 해야 인간 본성이 드러날 수 있을까. 항상 출렁이는 물보라를 가라앉히면 된다. 그러면 자연히 인간 본성인 강바닥이 보이고 그 강바닥에 무한히 깔려 있는 창조성을 만날 수 있다. 창조성을 증가시키는 방법은 간단하다. 강바닥을 보이지 않게 하는 생각의 물보라를 가라앉히면 된다.

그런데 생각의 물보라를 일으키는 주된 요소 중 하나가 책이다. 그러니 책을 읽지 말아야 한다. 《아티스트 웨이》가 지금 출간되었다면 책뿐 아니라 인터넷과 스마트폰도 이용하지 말라고 할 것이다. 생각을 일으키는 모든 것을 피해야 하기 때문이다.

나는 책을 좋아하고 읽지만 이런 측면에서의 책의 한계도 인식하고 있다. 우리 마음속에 있는 본성을 알고 느끼는 데는 책 읽기가 결코 좋은 방법은 아니다. 마음 수련과 정신 수양을 본격적으로 하고자 할 때는 책을 읽으면 안 된다. 단순한 일상생활보다 책이 훨씬 더 마음과 생각을 일으키는 존재여서 그렇다.

그렇다고 책을 읽지 말아야 한다고 생각하지는 말자. 이건 어디까지나 정신 수양을 본격적으로 할 때의 얘기다. 일반인의 삶에서 이러한 본격적인 정신 수양은 거의 없는 일이다. 간혹 있더라도 극히 일부의 제한된 시간 동안이다. 성철 스님이나 《아티스트 웨이》의 작가가 책을 읽지 말라고 콕 찍어 말했다는 것은 그만큼 책이 생각에 큰 영향을 끼친다는 반증이다.

책의 내용이 다 비슷하게 느껴질 때 ①

깊게 읽기

책을 많이 읽는 사람 중에는 '모든 책의 내용이 다 비슷하다'라고 말하는 이들이 있다. 처음에는 책을 읽으면 새로운 것도 많고 다양하게 배우는 것 같은데 어느 순간 책을 읽어도 새로운 게 별로 없다. 어디선가 읽었던 것이고 알고 있는 것들이다. 조금 다른 내용이 있다 하더라도 특별하게 느껴지지 않는다.

그래서 많은 사람이 처음에는 책을 열심히 읽다가 점점 잘 안 읽게 된다. 내용이 비슷비슷하니 시간과 돈을 들여 힘들게 책을 읽을 필요성을 느끼지 못하게 된다.

처음 주식을 시작하는 사람은 책을 사서 열심히 본다. 책에서 주식을 배우지만 어느 정도 읽다 보면 주식 책의 내용이 거기서 거기라는 것을 알게 된다. 책을 더 읽어도 나아지는 게 없다. 그러면 이제 책을 읽지 않게 된다. 한 분야의 책을 50권 이상 읽으면 그런 현상이 나타나는 것 같다. 주식 책을 50권 정도 읽으면 더는 읽지 않아도 된다고 생각하고 로맨스 소설을 50권 정도 읽으면 로맨스 소설이 비슷해 보이는 것처럼 여겨진다.

책 내용이 거기서 거기일까. 그럴 리 없다. 책 내용이 비슷하다고 해서 정말로 다 비슷한 게 아니다. 자신의 수준이 어느 단계에 올랐음을 의미할 뿐이다. 중학교 3학년이라면 그 수준의 교과서와 참고서를 다 봤다는 의미다. 이때 중학교 3학년 수준의 책을 더 봐도 새로운 게 없다. 다 아는 내용이기 때문이다. 이때 나는 다 알고 있으니 이제 충분하다고 생각하면 곤란하다. 이제부터는 고등학생용 책을 봐야 하는 시점이 된 것이다.

5장에서 책의 가치를 판단하는 객관적 조건으로 세 단계를 언급했다. ①단계는 학술논문과 학술서적, ②단계는 학술논문과 학술서적을 바탕으로 일반인이 쉽게 접근할 수 있게 쓴 책, 이 ②단계를 바탕으로 더 간단하게 이해하기 쉽게 쓴 ③단계 책. 책의 내용이 다 비슷하게 여겨진다면 주로 읽은 책이 어떤 단계의 것인지 살펴야 한다. 보통은 어떤 분야에 관한 ③단계 책을 많이 읽으면 책 내용이 거의 비슷하게 느껴진다.

②단계의 좋은 책 A, B, C가 있다고 할 때, ③단계 책은 이 A, B, C를 바탕으로 한다. 그래서 ③단계는 A를 바탕으로 한 책, B를 바탕으로 한 책, C를 바탕으로 한 책, A+B, B+C, A+C, A+B+C의

방식으로 섞어 집필한 책들로 넘쳐나게 되고, 결국 모든 책이 비슷비슷하게 된다. 자기가 읽는 책이 비슷비슷하게 느껴진다고 해서 책이 별로 가치가 없는 것이라거나 내가 그만큼 많이 알고 있어서라고 생각해서도 안 된다. 그건 자기가 ③단계 책을 주로 봐와서 그런 것이다.

③단계를 주로 보는 것이 좋지 않다고는 단정할 수 없다. ③단계는 ②단계보다 더 쉽게 이해할 수 있다. 재미도 있고 술술 읽힌다. ②단계보다 ③단계를 읽는 게 더 쉽게 지식을 얻는 방법이기도 하다. 교과서와 기본서보다는 참고서가 더 편한 것과 마찬가지다.

하지만 책이 다 비슷하다고 느껴질 정도가 되면 이제 그 단계는 넘어서야 한다. 한 단계 더 높이 올라가야 한다. 이 수준에서 ③단계만 계속 읽으면 책을 읽어도 별로 나아지는 게 없다.

여기서 더 나아가려면 2가지 방법이 있다. 하나는 더 깊어지는 것이고 또 하나는 더 넓어지는 것이다. 더 깊어지는 방법은 ③단계를 피하고 ②단계, 나아가 ①단계로 옮아가는 것이다.

③단계는 서로 비슷할 수 있다. 어떤 경우에는 ②단계의 책과도 비슷할 수 있다. 하지만 ②단계끼리는 비슷하지 않다. 서로 다른 내용을 다루고 있고, 새로운 것이 있다. ②단계는 학술논문과 학술서적을 바탕으로 하는데 학술논문의 기본이 독창성이다. 기존에 나온 내용과 반드시 달라야 한다. 그래서 이것을 바탕으로 한 ②단계는 기존과 다른 새로운 내용이 있다.

③단계는 안 보고 ②단계의 책만 읽으면 모든 책이 다 다르다.

같은 분야라 해도 모두 다른 내용을 품고 있다. ②, ③단계는 서로 구별하기 힘들 수 있다. 하지만 책 내용이 비슷하게 여겨지는 사람이라면 ②, ③단계의 책을 쉽게 구별할 수 있다.

물론 ②단계를 중심으로 읽으려면 어려운 점이 있다. 책이 두꺼워지고 내용도 어려워진다. ③단계를 읽을 때는 술술 읽을 수 있었는데 ②단계를 읽을 때는 속도가 느려진다.

②단계도 계속 읽다 보면 속도가 빨라지고 쉽게 읽을 수 있게 된다. 물론 ②단계를 처음 읽을 때는 벽이 느껴질 수 있지만, 이제는 ②단계를 주로 읽어야 할 때다. 중학교 책을 다 이해하면 고등학교로 넘어가야 한다.

책을 아주 많이 읽으면 ②단계의 책도 다 볼 수 있다. 그러면 또 모든 책이 비슷하게 보인다. 이러면 다음 단계로 넘어가야 한다. 이제 ①단계를 읽어야 할 때다. 바로 학술논문과 학술서적이다. 여기에도 벽이 있다.

논문은 모든 글 중에서 가장 읽기 힘들고 이해하기 어렵다. ②, ③단계는 독자가 이 내용의 배경을 잘 모른다고 생각해 전후 사정을 자세히 설명한다. 하지만 논문과 학술서적은 전문가를 대상으로 한다. 배경이나 전후 사정은 다 아는 것으로 보고 바로 주제로 들어간다. 독자를 위해 자세히 설명한다는 발상 자체가 없다. 분량은 짧지만, 이해하기는 어렵다.

①단계에 들어서면 절대로 '다 아는 내용이다', '나는 많이 안다'라는 말을 할 수가 없다. 논문에는 그동안 없었던 새로운 내용

이 쏟아져 나온다. 한 학회지에서 1년에 몇십 편, 많으면 몇백 편의 논문이 나오는데 그런 학회가 우리나라에만 분야마다 10여 개는 있다. 우리나라를 벗어나 세계를 기준으로 하면 분야별 논문 학회지만 몇백 개가 넘는다. 이 수준에서는 현상을 따라가는 것 자체도 불가능하다.

하나는 알고 넘어가자. 모든 책이 다 비슷하다고 느껴지면 이제 한 단계 올라서야 할 때다. 더 높은 단계의 책을 읽어야 한다. 이 과정은 끝이 없다는 것도 알고 있자.

7

책의 내용이 다 비슷하게 느껴질 때 ②

넓게 읽기

책의 내용이 다 비슷하다고 여겨질 때는 보다 수준 높고 깊이 있는 책을 읽을 필요가 있다고 했다. 하지만 이런 책은 어려워 읽기가 쉽지 않다.

책을 읽는 것은 공부하기 위해서가 아니라 재미를 느끼고 즐기기 위해서다. 일부러 어렵게 고생하면서 책을 읽고 싶지 않을 수 있다. 이때는 다른 분야의 책을 읽으면 된다. 자기 분야나 취미 분야를 넘어서 다른 분야의 책을 대하면 된다.

흔히 다양한 분야를 읽는 게 좋다고 한다. 책의 장점 중 하나가 자기 분야 외의 다른 분야도 쉽게 접할 수 있다는 점이다. 책이 아니라면 다른 분야의 지식을 어떻게 얻을 수 있을까. 해당 분야의 사람을 직접 만나야 하는데 만남 자체가 쉽지 않고 또 그에게 그 분야를 듣는 건 더 어렵다.

사람은 자기 직업과 관련 있는 사람들 위주로 만나게 마련이다. 가족이나 친척, 오랜 친구들의 직업이 다르다면 모를까 직업이 다른 사람을 만나기는 쉽지 않다. 그런데 다른 직업인을 만난다 해도 대부분 그냥 만날 뿐이다. 만나서 직업 이야기를 심도 있게 나눌 일은 없고 살아가는 이야기만 한다. 하지만 책을 읽으면 다른 분야를 어느 정도 깊이 알 수 있다. 책만큼 쉽게 다른 분야에 대해 들을 수 있는 매체는 없다.

막상 다른 분야는 보지 않으려는 사람들이 의외로 많다. 자기 분야만 찾아서 읽으려 한다. 다른 분야는 자기 분야가 아니라는 이유로, 읽어도 소용없다는 이유로 쳐다보지 않는다. 다른 분야를 읽는 것을 쓸데없는 일로 치부하는 것이다.

왠지 책을 통해서 실용적인 도움을 얻으려면 자기 분야만 읽어야 할 것 같다. 사실은 그렇지 않다. 더 깊어지려면 우선 넓어져야 한다. 한 분야에서 깊어지려면 여러 분야를 두루 아는 지식이 필수적이다.

땅을 깊게 판다고 해보자. 깊이 1~2미터는 그 자리에서도 팔 수 있지만 20미터, 50미터를 파 내려가야 한다면 어떨까? 한 지점에서 50미터를 파 내려갈 수는 없다. 그랬다간 옆에서 흙이 무너져 갇히고 만다. 깊게 파려면 넓게 파야 한다. 넓게 팔수록 깊게 또 안전하게 팔 수 있다.

책을 재미로 읽는 경우도 그렇다. 이때는 오히려 자기 분야보다 다른 분야를 읽을 때 더 재미를 느낄 수 있다. 그동안 몰랐던 것을 새로 알 때 사람은 재미를 느낀다. 아는 것이 많은 자기 분야보다 모르는 분야를 읽을 때 그동안 몰랐던 새로운 사실을 더 많이 알 수 있다.

누군가는 전공 분야만 관심이 있고 다른 분야에 관심이 없다고 말할 수 있다. 하지만 다른 분야에 관심이 없다고 할 때는 진짜 관심이 없어서라기보다는 그 분야를 모르기 때문이다. 조금 알면 관심이 생기고 재미를 느낄 수 있다.

자기 분야 외에 수백 수천의 다른 분야가 존재한다. 그중에 재미를 느낄 수 있는 분야가 하나도 없다는 건 말이 안 된다. 인간은 그 정도로 하나에만 집중하는 존재가 아니다.

다른 분야를 읽을 때 조심해야 할 것이 있다. 다른 분야를 읽으려고 할 때 추천도서나 명저는 피해야 한다. 이런 도서는 대개 높은 수준의 책들이기에 어렵다. 이런 책을 읽고 '역시 난 이 분야와 맞지 않아'라고 생각하면 안 된다.

새로운 분야는 쉬운 책으로 접근해야 한다. 해당 분야에서 좋은 평가를 받지 못하는 대중적인 책일수록 좋다. 그런 책들도 내용을 파악하기 어려우면 어린이 학습만화가 차라리 나을 수 있다. 어린이 학습만화라고 무시해서는 곤란하다. 내용이 적을 수는 있어도 최소한 그 분야 초보자에게 해당 분야에 대한 기초 지식은 충분히 제공할 수 있다. 무엇보다 그 분야에 재미를 느낄 수 있게 해준다.

초보 수준의 다른 분야 책을 계속 읽다 보면 관심이 생기고 좋아할 만한 분야를 만날 수 있다. 그러면 그때부터 그 분야의 책을 더 찾게 된다. 관심 영역이 조금 넓어지고 이에 따라 세상을 보는 시각도 달라진다. 그러면 이전에는 보이지 않던 게 보이기 시작한다. 다른 분야를 읽을 때 얻을 수 있는 귀중한 자산이다.

그럼에도 다른 분야는 읽기 싫다면 어떻게 해야 하는가. 기존의 책은 더는 새로운 게 없고 깊이 있는 책은 어렵고, 그렇다고 다른 분야도 읽기 싫다면? 이때는 우리나라를 벗어나 더 넓게, 그러니까 외국어로 쓰인 원서를 읽는 것도 좋다. 자기가 읽고 싶은 분야의 외서를 찾아 읽는 것이다. 영어, 일본어, 중국어 등 자기가 할 수 있는 외국어로 된 책을 한번 찾아보라.

난 영어 원서가 가장 낫다고 본다. 영어 원서가 낫다고 보는 이유는 출판되는 책이 다른 언어권보다 월등히 많고 다양하기 때문이다. 경마를 예로 들어보자. 경마책은 우리나라에서 찾기 힘들다. 지금까지 발간된 것을 합해도 10권 정도이다. 일본에는 좀 규모 있는 서점에만 가도 몇십 권의 경마책을 만날 수 있다. 영어로 된 경마책은? 수백 권이 넘는다!

경마만이 아니라 다른 분야도 그렇다. 영어 원서는 미국만이 아니라 영국, 호주, 뉴질랜드, 캐나다, 인도 등 수많은 나라에서 출간된다. 어떤 분야든 우리나라에서 출간된 책과 비교하면 발간된 책의 양 자체가 다르다.

물론 영어 원서를 읽으려면 훨씬 시간이 오래 걸리고 어려울 수 있지만, 더 많은 정보를 접할 수 있다. 더 많은 아이디어와 개념도 얻을 수 있다. 이런 걸 알고 있으면 언젠가는 도전해볼 수 있을 것이다. 그리고 지금 자신의 한계가 어떤지도 말이다.

7장

책 읽기에 대한
크고 작은 질문들

읽는 시간이 중요할까?
권수가 중요할까?

1장에서 실질적인 변화가 생기기를 바란다면 하루 1시간, 1년이 필요하다고 했다. 즉 책을 읽고 변화를 바란다면 하루 1시간 정도는 책을 읽어야 한다. 그런데 책 읽기에서 시간보다 더 중요한 건 몇 권을 읽었는가가 아닐까. 하루에 1권은 아니더라도 일주일에 1권 또는 일주일에 2권씩 읽는 게 하루 1시간 읽는 것보다 더 낫지 않을까. '하루 1시간 이상' 같은 시간 기준이 나을까 아니면 일주일에 몇 권, 한 달에 몇 권이 나올까?

나는 현재 일주일에 11권을 기준으로 읽고 있다. 즉 하루에 몇 시간 읽느냐보다는 일주일에 몇 권 읽느냐를 기준으로 하고 있다. 내가 이렇게 권수 위주로 계산하기 시작한 것은 책을 어느 정도 읽고 나서다. 일주일에 1권은 읽을 정도가 되고 난 후에 책을 권수 기준으로 세기 시작했다. 처음에는 일주일에 1권이었고 그 이후 일주일에 3권, 4권, 7권(즉, 하루 1권) 하는 식으로 늘려왔다.

일주일에 1권 읽기가 안 되는 사람에게 일주일에 2~3권 읽기를 추천하지 않는다. 이때는 일주일에 몇 권 같은 권수보다 하루 1시간 이상이라는 시간이 더 중요한 기준이 된다. 즉 일주일에 1~2권 읽기보다 하루 1시간 이상 읽기가 더 도움이 된다는 말이다.

권수를 기준으로 했을 때 문제는 무엇인가. 권수 조정은 쉽다. 하려고만 들면 얼마든지 늘릴 수 있다. 가장 쉬운 방법은 쉽고 휙휙 넘길 수 있는 책 위주로 읽는 것이다.

책의 종류는 다양하다. 두껍고 어려운 책도 있지만 얇고 쉬운 책도 많다. 1시간이면 볼 수 있는 책도 넘쳐난다. 하루 1권 읽기는 어려운 일이 아니다. 이런 책들만 골라 읽으면 하루 1권은 금방 달성할 수 있다. 이런 책의 문제점은 남는 게 별로 없다는 점이다.

하루 1시간을 투자해서 1권을 읽었는데 기억에 남는 내용이 없다. 어쩌다 이런 책이 걸리면 할 수 없는 일인데 이런 책만 읽으면 곤란하다. 책을 읽는 이유는 마음, 생각, 사고방식에 도움이 되기 위해서다. 최소한 재미라도 느껴야 한다. 이런 것들에 도움이 되지 않는 책만 읽는 것은 필요 없다.

책 권수를 늘리는 또 다른 방법에는 속독이 있다. 속독이라고 하지만 쪽수만 넘기는 방법이다. 한 페이지 한 페이지 넘기면서 눈을 위에서 아래로, 대각선으로 훑기만 한다. 각 문단의 첫 문장과 끝 문장 정도에만 눈길을 주고 제목과 소제목 등에만 주의를 둔다. 책 1권을 읽는 데 걸리는 시간은 쪽수 넘기는 시간일 뿐이다. 이러면 두꺼운 책도 1시간 안에 볼 수 있다. 400쪽 넘는 책도, 아무리 어려운 책도 1시간 안에 충분히 다 읽는다.

나는 600쪽이 넘는 회계학 전공 서적을 하루에 읽는 사람도 봤다. 경영학이나 회계학 전공자도 아니고 회계에 대해 모르는 사람인데, 600쪽이 넘는 전공 서적을 하루에 봤다는 것이다. 거짓말이 아니라 정말로 다 봤다. 속독으로 휙휙 넘기면 어떤 책이든 하루, 1시간 이내에 볼 수 있다.

그러나 이런 식으로 읽었다고 해서 회계에 대해 아는 건 아니지 않은가. 회계학 전공 서적은 두껍고, 숫자와 표가 많고, 계산 연습문제가 많다 등은 알 수 있을 것이다. 그런 지식을 얻으려고 600쪽이 넘는 책의 모든 페이지를 넘기는 수고를 하는 건 비효율적이다.

권수에 초점을 두면 편법을 쓸 가능성이 커진다. 책에서 무얼 얻는지 상관하지 않고 권수 늘리는 데만 신경을 쓴다. 이렇게 권수를 기준으로 하면 얼마든지 숫자를 늘릴 수 있다. 잡지를 계산에 넣으면 하루 1권은 금방이다. 하물며 만화책은 하루에도 몇 권을 읽을 수 있다. 그래서 처음에는 권수를 중요시하면 안 된다. 권수는 어디까지나 부수적으로 늘어나는 것으로 생각해야 한다.

그렇다면 권수보다는 읽는 시간을 중시해야 할까. 읽는 시간에 초점을 맞추는 것도 이상하긴 매한가지다. 공부할 때 가장 문제가 되는 건 공부 시간에 초점을 맞추는 경우다. 하지만 책상에 오래 앉아 교과서와 참고서를 봤다고 공부라고 말할 수는 없다. 교과서와 참고서를 어떻게 봤느냐가 중요하다. 공부 시간은 별 차이가 없는데 성적이 크게 차이 나는 것은 어떻게 교과서를 봤느냐의 문제다.

하루 1시간 검도를 한다면 1년 후에 검도 1단이 될 수 있다. 여기서 1시간은 검도 연습 시간을 말한다. 검도장에 1시간 있다가 오는 게 아니다. 하루 1시간 검도장에 있는 것 자체는 어려운 일이 아니다. 매일 검도장에 가서 스마트폰으로 게임만 하면서 1시간을 보낼 수 있다. 이런 식으로는 검도장에 아무리 오래 있어도 실력이 늘지 않는다. '하루 1시간'이라는 시간에 의미를 두면 이런 일이 벌어진다. 책을 매일 꾸준히 보는 것 같은데 나아지는 게 없다.

그렇다면 무엇을 기준으로 해야 하나. 이 책의 처음으로 돌아가자. 내가 제안하는 보다 나아지기 위한 조건은 하루 한 가지 무언가 새로운 것을 익히는 것이다. 그동안 몰랐던 새로운 지식, 사고방식을 하루에 한 가지 얻는 것이다. 책 읽기 자체가 목적이 아니다. 새로운 지식, 생각, 감정을 얻는 게 목적이다. 책이 그걸 제공해주므로 읽는 것이다. 즉 책 읽는 목적은 새로운 지식, 생각, 사고방식을 얻거나 감정을 느끼는 것이다.

책을 10권 읽어도 새로운 지식과 생각을 얻을 수 없다면 소용이 없다. 1권을 읽어도 그 안에서 10개가 넘는 새로운 지식과 생각을 얻었다면 훌륭한 것이다. 30쪽을 읽었는데 새로운 사실을 하나라도 익혔다면 그것으로 그날 하루는 충분하다. 권수가 아니라 책을 통해 매일 무언가를 얻는가가 중요하다.

책을 읽는 시간도 그렇다. 1시간 넘게 읽었는데 새로 얻은 것이 없다면 소용없다. 온종일 읽었는데 책에서 재미도 얻은 지식도 없다면 시간 낭비다. 1시간 정도 읽으면 무언가 하나는 건질 수 있어야 한다. 그게 없다면 책을 잘못 고른 것이다. 대학생이 초등학생용 국어책을 골라서 읽고 있는 경우다.

책을 읽는 이유는 새로운 지식, 생각 아니면 감정을 느끼기 위해서다. 이게 중요하지 책의 권수나 시간은 중요하지 않다. 처음에는 자기에게 맞는 책만 고르면 1권 안에서도 많은 것을 배울 수 있고 1시간을 읽어도 많은 것을 느낄 수 있다.

조금 시간이 지나면 1권 읽을 때 새로운 것 하나 알기, 아니면 감정 느끼기가 쉽지만은 않음을 알게 된다. 하지만 적정한 책을 찾아 하루 1시간 정도 읽으면 하루에 새로운 것 하나씩은 알게 될 것이다. 그렇게 1년 이상 하면 내면에서의 변화가 느껴질 것이다.

베스트셀러,
찾아 읽어야 할까? 피해야 할까?

　베스트셀러는 현재 많이 팔리는 책이다. 베스트셀러를 읽어야 할 책 목록에 넣어야 할까 아니면 빼야 할까. 베스트셀러를 봐야 한다는 이유부터 살펴보자.

　첫째, 베스트셀러는 사람들이 많이 사서 본다는 의미이다. 어떤 상품이 좋은가를 판단하는 방법에는 2가지가 있다. 하나는 그 분야 전문가들의 평가다. 전문가는 전문지식을 기초로 그 상품이 좋은지 아닌지를 판단하고 비평한다. 어떤 것이 좋고 나쁜지를 판단하는 것은 쉬운 일이 아니다. 무언가를 알고 있어야 좋고 나쁨을 판단할 수 있다.

　한국인은 오랫동안 김치를 먹어왔기에 어떤 김치가 맛있는지,

맵기만 한지, 짠지, 간이 잘 맞는지, 싱싱한지 등을 판단할 수 있다. 하지만 김치를 먹어본 적 없는 외국인은 김치를 먹어도 잘 모른다. 아주 짠 김치를 먹으면서도 김치가 원래 짠 건지 아니면 지금 먹고 있는 김치가 짠 건지 구분할 수 없다. 전문가가 좋다고 하는 책은 기존 책과 다른 가치가 있다.

어떤 상품의 좋고 나쁨을 판단하는 또 다른 기준은 대중이 어떻게 받아들이냐다. 전문가의 판단은 독단적일 수 있고 전문가마다 판단이 다를 수 있다. 전문가가 좋다고 해도 대중은 왜 좋은지 모를 수 있다. 이 경우 다른 사람들의 판단이 더 나은 기준이 될 수 있다. 전문가가 좋다고 하는 음식보다 사람들이 많이 먹는 음식에 가치가 있다고 보는 것이다. 평론가들이 좋다는 영화보다 대중이 많이 보는 영화가 좋은 것이다.

베스트셀러는 두 기준 중에서 대중의 심사 기준을 통과한 것이다. 대중이 좋다고 할 때는 이유가 있다. 베스트셀러는 대중이 좋은 책이라고 판단한 것이다. 다른 기준으로 책을 선택하는 것보다 베스트셀러 위주로 선택하면 실패할 확률이 작다.

둘째, 베스트셀러의 주요 특징은 그 시대를 반영한다는 점이다. 베스트셀러는 단순히 책이 좋다고 해서 되는 게 아니다. 그 시대의 욕구와 필요를 반영한 책이 베스트셀러가 된다. 즉 베스트셀러는 현 사회의 관심이 무엇인지, 사회가 어떤 방향으로 움직이는지를 보여주는 주요 지표가 된다. 그래서 지금 베스트셀러를 살펴보면 사람들의 관심사를 파악할 수 있다.

시대의 흐름과 관계없이 고유의 업무만 하는 사람에게 베스트셀러는 의미 없을 수 있다. 과학을 연구하는 사람은 베스트셀러를 굳이 볼 필요가 없지만, 사회 변화에 민감해야 하는 사람은 이야기가 다르다. 마케터, 영업자, 투자자, 사업가들은 현시대의 변화를 알아야 한다. 이런 분야의 사람들이 사회 흐름을 파악하는 데 가장 좋은 지표 중 하나가 베스트셀러다. 베스트셀러를 꾸준히 보면 최소한 현 추세에서 뒤처지지 않을 수 있다.

이런 베스트셀러 예찬론에 대해 베스트셀러를 보지 말아야 한다고 주장하는 사람들도 많다. 베스트셀러를 보지 말아야 한다는 주장의 이유는 다음과 같다.

첫째, 베스트셀러는 대중의 심사를 통과한 것인데, 대중의 평가가 제대로 된 것이라 보기 힘들다. 대중의 평가는 인기투표다. 그때그때의 분위기에 따라 투표 결과가 달라진다. 전문가의 평가가 제대로 된 평가다. 그래서 전문가의 추천도서가 베스트셀러보다 낫다.

둘째, 베스트셀러는 시대를 반영한다고 했는데, 이를 거꾸로 말하면 시류에 영합하지 않으려면 베스트셀러를 보지 말아야 한다는 이야기가 된다. 지금 시대가 어떤가를 알고 싶은 게 아니라 인간 그 자체, 사회 그 자체, 변하지 않는 진리를 알고 싶은 사람들이 있다. 이런 사람들에게 베스트셀러는 의미가 없다.

베스트셀러는 책이 좋다고 되는 게 아니다. 베스트셀러는 출판사의 홍보와 마케팅 활동에 큰 영향을 받는다. 물론 마케팅을 한다고 해서 아무 책이나 베스트셀러가 되지는 않는다. 하지만 아무리 좋은 책도 마케팅이 받쳐주지 않으면 베스트셀러가 되기 어렵다. 즉 베스트셀러는 단순히 대중이 많이 선택한 책이 아니라 출판사가 선택해서 밀어준 책이므로 베스트셀러라고 해도 건질 게 없을 수 있다.

나는 그 책을 베스트셀러라는 이유로 찾지도 않고 피하지도 않는다. 내가 좋아하는 내용이어서 눈길을 끌면 사고 끌리는 게 없으면 제아무리 베스트셀러라 해도 구매하지 않는다.

책을 읽다 보면 판단 기준이 생긴다. 그 기준대로 하면 되지 다른 기준에 따라 흔들리지 말자. 교과서, 참고서, 수험서라면 이걸봐야 한다는 게 있을 수 있지만, 일반 책은 자기가 끌리는 대로하면 된다. 보고 싶으면 보고, 보고 싶지 않으면 안 보는 것이다.

속독이 나을까?
정독이 나을까?

  나는 책과 관련해서 몇 가지 고민이 있다. 책이 쌓여가는데 보관이 고민이다. 쌓인 책 중에서 내가 찾는 책을 빨리 찾을 수 없는 것도 고민이다. 도서관처럼 분야별로 정리해야 하는지도 고민이다. 그러려면 시간이 꽤 걸리니 그것도 문제다. 읽지 않은 책이 쌓이는 것도 문제다. 일주일에 10권 이상을 읽는데도 구매하는 책이 그보다 많다. 그러니 아무리 읽어도 책이 쌓인다. 10년 동안 쌓이다 보니 지금 내 책장에는 읽지 않은 책이 많다.

  읽지 않은 책이 쌓여가는 건 스트레스다. 이 책들을 다 읽으려면 조치가 필요하다. 그러나 책 읽는 시간을 늘리기는 힘들다. 그렇다면 방법은 하나밖에 없다. 속독이다. 그래서 몇 번이나 속독을 시도해봤다. 분야를 가리지 않고 많이 읽다 보니 속독법 책도 많았다. 1시간에 1권 읽는 법도 적용해보았고 포토 리딩도 시도해봤다. 그러면 짧은 시간 안에 책을 끝낼 수 있다.

특히 좋았던 방법은 포토 리딩이다. 일반 속독법보다 남는 게 있는 느낌이다. 나는 하루 평균 3시간 정도 책을 읽는다. 1시간에 1권 정도 읽을 수 있는 속독법과 포토 리딩법을 활용하면 하루에 3권도 읽을 수 있다. 속독법을 사용하면 지금 밀린 책을 언젠가는 다 읽을 수 있을 것이다.

하지만 속독법과 포토 리딩법을 포기했다. 몇 번 시도했지만 유지할 수 없었고 이제는 시도조차 하지 않는다. 속독법의 문제는 무엇일까. 속독법을 쓰면 많이 읽게 된다. 하루 3권을 읽을 수 있으니 한 달이면 90권, 1년이면 1000권도 읽을 수 있다. 문제는 책을 읽고 난 후에 얻는 만족감이 없어진다.

책을 읽는 이유는 권수를 늘리기 위함이 아니다. 몇 권 읽었다, 이런 책도 읽었다가 중요한 게 아니다. 책을 읽는 이유는 배우고 느끼기 위해서다. 속독법으로 읽어도 책의 주요 내용과 주제는 알 수 있다. 그런데 이건 요약본을 읽는 것과 비슷하다. 주요 내용은 알지만, 책을 통한 충족감, 만족감, 재미가 없다.

책 읽는 이유가 무엇이냐에 따라 속독 여부가 정해질 것이다. 책을 통해 배우고 재미를 느끼는 게 목적이라면 속독은 적절하지 않다. 몇 권 읽느냐가 중요하면 속독을 해도 된다. 나는 새로운 것을 배우고 느끼려고 책을 읽는다. 그래서 속독을 할 이유가 없다.

속독은 마치 각 도시를 '찍는' 데 목적을 둔 여행과 비슷하다. 정독은 한 도시에 며칠씩 묵으며 지내는 것과 같다. 10일 동안 유럽 여행을 다니면서 런던, 파리, 베네치아, 로마 등 하루에 도시 하나씩 찍으며 다닐 수 있다. 도시별 주요 랜드마크만 돌면서 10개 도시를 모두 본다. 이건 속독 여행이다.

하지만 한 도시에서 10일 아니면 3개 도시에서 3일간 지내며 10일 여행을 할 수도 있다. 못 가는 도시도 있지만 머무는 도시에서 더 많은 것을 볼 수 있다.

어떤 여행이 좋을까. 나는 20대와 30대 때는 속독 여행처럼 다녔다. 좀 더 많은 곳을 가보는 것이 목적이었다. 나이가 들수록 점점 한 도시에 오래 머무는 식의 여행이 되어간다. 하루에 한 도시씩 돌아보는 것보다 더 많은 걸 느끼고 즐길 수 있다.

속독한다고 해서 책의 내용을 모른 채 넘어가는 건 아니다. 파리를 하루에 돌아도 에펠탑, 개선문, 샹젤리제 거리, 루브르 박물관 등 주요 포인트는 볼 수 있다. 이런 여행이 필요할 때도 있다. 하지만 지금의 나는 그런 식의 여행은 별로다. 최소한 한 도시에서 3일 정도는 머무르며 거리를 보고 싶다. 속독보다는 제대로 책을 읽는 게 이젠 더 좋다.

정독한다고 해서 모든 책을 정독으로 보는 건 아니다. 읽다 보면 쓸데없는 책이 걸리기도 한다. 새로운 내용은 없고 어디서 읽은 내용만 가득하다. 그렇더라도 쉽게 접하기 힘든 내용이라면 괜찮다. 하지만 이런 식의 책은 대개 많은 책에서 언급하는 수준의 것들만 모아서 쓴다. 이런 책은 처음에는 정독으로 시작하지만, 속독으로 끝난다. 처음에 제대로 읽다가 가치가 없다고 판단하면 그때부터 속독으로 페이지를 넘긴다. 눈길을 끄는 곳이 있으면 그곳에서 멈춰 정독하고 다시 속독으로 끝까지 간다.

기본적으로 나는 속독은 필요하지 않다고 생각한다. 속독은 책의 권수를 늘리고자 할 때 쓰는 방법이다. 하루에 하나 새로운 것을 얻는 게 목적이라면 속독은 필요 없다.

한 권씩 읽는 게 좋을까?
동시에 여러 권 읽는 게 좋을까?

독서법 책 중에는 동시에 여러 권 읽기를 권하는 경우가 있다. 1권을 다 읽고 그다음 책으로 넘어가지 말고 동시에 여러 권을 읽는 것이다. 이 책을 몇십 쪽 읽고 다른 책을 몇십 쪽 읽고 또 다른 책을 조금 읽다가 다시 처음 책으로 돌아와 몇십 쪽 읽는 식이다. 1권을 다 읽고 다음 책을 읽는 것과 동시에 여러 권을 읽는 것 중에 어느 것이 나을까.

1권을 다 읽고 다음 책으로 넘어가는 방법의 장점은 책 1권을 마무리 짓는다는 데 있다. 시작한 일을 마무리하고 그다음 일로 넘어간다는 것은 좋은 생활 습관이다. 마무리를 제대로 하는 게 습관이 되면 살아가는 데 큰 도움이 된다. 물론 단점은 있다. 재미있고 푹 빠져 있는 상태에서는 1권을 그 자리에서 읽는 것이 어렵지 않다. 문제는 어렵고 재미없는 책이다. 재미는 있는데 두꺼워서 진도가 나가지 않는 책도 있다. 이때는 책 1권을 너무 오랫동안 들고 있게 되고 슬슬 지겨워진다. 1000쪽이 넘는 책을 하루에 100~200쪽씩 일주일 내내 읽으면 좋은 책이라도 지겨워진다. 재미를 위해 책을 읽는데 지겨워지면 책 읽는 의미가 줄어든다.

동시에 여러 권 읽기의 장점은 1권을 오래 읽을 때의 지겨움이 없다는 점이다. 몇십 쪽을 읽다가 지겨워질 만하면 다른 책을 집어 든다. 새로운 주제를 읽으니 지겨울 겨를이 없다. 지적 자극을 얻으려면 동시에 여러 권을 읽는 게 더 낫다.

하지만 동시에 여러 권 읽기는 독서에 체계가 없어진다는 문제가 있다. 그때그때 손에 잡히는 책을 읽다 보니 끝까지 읽지 못하고 중간에 멈추는 책이 생긴다. 내가 지금 무슨 책을 어디까지 읽었는지 잘 모른다. 책은 전체 줄거리가 있게 마련인데 띄엄띄엄 읽다 보니 전체는 잊은 채 중간중간의 에피소드만 기억나게 된다.

나는 동시에 여러 권을 읽는 타입이다. 어느 한 시점에서 읽고 있는 책이 5권은 넘는다. 10권이 되기도 한다. 1권 읽다가 조금 지겨워지면 다른 책으로 넘어간다. 그런데 보통은 지겨워서 다른 책으로 넘어간다기보다는 어려운 책을 읽다가 쉬운 책으로 넘어가는 편이다.

소위 양서라고 불리는 책들은 대개 읽기가 쉽지 않다. 에너지가 많이 필요하다. 이런 책을 읽다가 머리가 피곤해지면 쉽고 간단한 책으로 넘어간다. 즉 술술 읽히는 책을 펼친다. 나에게 이런 책은 머리를 쉬는 용도다. 자기계발서, 간단한 투자서, 에세이 등을 이럴 때 읽는다. 그래서 어렵고 두꺼운 책을 읽으면서 쉽고 간단한 책들을 같이 본다.

다른 이유도 있다. 어떤 분야의 책은 매일 조금씩 읽으려고 한다. 하루 이틀 사이에 다 읽는 것보다 매일 조금씩 읽어야 기억에 더 남고 사고방식과 행동에 끼치는 효과도 더 크다. 단순히 책을 읽는 데 그치는 게 아니라 그 책에서 영향을 받고 싶을 때는 매일 조금씩 읽는다.

노자의 《도덕경》을 읽는다면 하루에 한 장章씩 읽는다. 총 81장이니 81일이 걸린다. 실제로는 못 읽고 넘어가는 날도 많아서 그것보다 더 오래 걸린다. 영어책도 매일 10~20쪽 읽으려 한다. 대학 교재를 읽을 때도 하루에 1장만 읽는다. 이렇게 매일 조금씩 읽는 책들이 있어 자연적으로 동시에 여러 권을 읽게 된다.

어떤 책이든 몰입해서 읽을 수 있으면 이런 고민 자체가 필요 없다. 몰입이 되면 다른 책이 생각나지 않는다. 읽던 책을 단숨에 읽게 된다. 추리소설에서 이제 범인이 밝혀지는 클라이맥스인데 시간과 분량이 되었다고 멈추고 다른 책으로 넘어가는 건 바보 같은 짓이다. 몰입해서 한 번에 읽을 수 있는 책이 가장 좋은데 이런 책을 만나는 건 쉽지 않다. 대부분은 어느 정도 진도가 나가면 쉬고 싶어진다.

책은 재미를 느끼는 게 중요하다. 그러니 재미가 있으면 그 책을 계속 읽고 재미가 좀 떨어지고 지겨워지면 다른 책을 드는 게 낫다. 그런 식으로 동시에 여러 권 보는 게 1권만 보는 것보다 더 쉽게 책을 읽을 방법이다.

Q5

재미없는 책, 끝까지 읽어야 할까?
그만두어야 할까?

새로운 TV 드라마가 시작했다. 그런데 재미가 없다. 그래도 시작했으니 끝까지 다 봐야 할까 아니면 그만 봐야 할까. 이런 고민을 하는 사람은 별로 보지 못했다. 드라마는 재미가 없으면 사람들이 떠난다. 드라마 시청률이 떨어지는 건 그 때문이다. 처음 본 사람이 계속 본다면 드라마 시청률이 중간에 떨어지는 일은 없다.

영화를 보다가도 재미가 없으면 중간에 그만두는 게 일반적이다. 재미없는 영화를 끝까지 앉아서 보는 건 고역이다.

책도 그렇다고 본다. 책을 읽는 이유는 무언가를 얻기 위해 또는 재미를 느끼기 위해서다. 그런데 처음에는 도움이 될 것 같았던 책이 읽다 보니 재미가 없다. 난 책을 읽을 때 좀 재미가 없고 배우는 게 없어도 웬만하면 죽 본다. 드라마의 이번 회가 재미없어도 그다음 몇 회 정도는 봐주는 것과 같다. 이제 이 드라마를 그만 봐야겠다고 마음먹게 되는 건 그 정도의 관용마저 허용할 수 없을 정도로 재미가 없어서다.

읽던 책을 그만 봐야겠다는 생각이 드는 건 재미가 없기 때문이다. 시간이 아깝고 남은 부분을 읽는 에너지가 낭비라고 여겨질 때 그만두어야겠다는 생각이 든다. 그 정도면 그만 읽는 게 낫다. 재미로 읽는 책을 억지로 읽을 필요는 없다.

하지만 그래도 난 가능하면 책의 마지막 페이지까지는 넘기기를 권한다. 그 책을 끝까지 마감하기를 바란다는 말이다. 이건 책 읽기 자체보다는 삶의 태도 측면에서 중요하기 때문이다. 어떤 것을 할 때 끝까지 해내는 건 중요한 태도라고 생각한다. 끝까지 하고 마감하는 건 살아가는 데 중요하다.

물론 마음먹은 모든 걸 끝까지 해내는 건 불가능하다. 인생은 실패로 뒤덮여 있으니 말이다. 열심히 해도 안 되는 일이 있다. 그래도 하기로 했으면 최대한 노력은 해봐야 한다. 해도 해도 안 될 때는 포기해야겠지만 그때까지는 최선을 다할 필요가 있다.

책 1권 다 읽기는 인생에서 중요한 일이 아니다. 도중에 포기해도 문제없다. 하지만 습관의 문제다. 책 1권 읽기 같은 간단한 것조차 중간에 포기하면 포기가 몸에 밴다. 조금 기분이 내키지 않으면 포기하는 습관이 들게 된다는 말이다. 그래서 나는 작은 일, 해도 큰 문제가 되지 않는 일은 끝까지 마무리 짓는 것이 중요하다고 본다. 작은 일을 끝까지 마무리 짓는 게 습관이 될 때, 나중에 큰일도 마무리 지을 수 있는 내공이 축적된다고 본다.

재미없고 배울 게 없는 책, 읽고 싶지 않은 책을 끝까지 읽는 건 고역이다. 그렇다면 어떻게 해야 할까. 이 책은 더는 읽지 못하겠다는 생각이 들면 그때부터 속독한다. 속독이라기보다 포토 리딩으로 들어간다. 포토 리딩이 속독보다 더 빠르다. 두꺼운 책이라도 1시간 안에, 200~300쪽 책이라면 10~20분 안에 가능하다.

드라마는 도중에 멈추지 않고 끝까지 보려면 앞으로 몇십 시간을 더 투자해야 할지 모른다. 이렇게 희생이 크면 억지로 마무리 지으라고 말하기 힘들다. 하지만 책은 몇십 분만 더 투자하면 끝낼 수 있다. 이 정도라면 억지로 마무리 지어도 되지 않을까.

물론 이런 식으로 책을 읽는다고 만족감이 생기는 건 아니다. 책을 끝내도 왜 샀는지 자책감이 들기도 한다. 하지만 중간에 그만두지 않고 책을 끝냈다는 것, 그래서 읽은 책 목록이 늘어났다는 그 하나는 남는다. 책을 읽는 이유와는 관련 없지만, 그래도 이것(읽은 책 목록) 하나라도 건져야 하지 않겠나.

책을 읽고 난 후
서평을 꼭 써야 할까?

4장에서 언급한 '밑줄 내용 정리하기'에는 한 가지 단점이 있다. 그것만으로는 그 책의 주제나 주요 내용, 논리 등을 파악할 수 없다는 점이다. 책에는 주제가 있고 저자가 하고 싶은 말이 있다. 이것은 밑줄 긋기보다는 서평을 써야 더 온전히 정리할 수 있다.

나도 한때는 서평을 썼다. 총 300권이 넘는 책에 대해 권당 B5 2페이지 분량으로 서평을 써두었다. 읽은 책 중에서 좋은 책, 주제가 뚜렷한 책, 메시지가 있는 책들을 서평으로 정리했다. 나름대로 내게 영향을 준 책들을 골라서 말이다.

이 300권에 대한 서평은 도움이 되었다. 좋은 책이었더라도 시간이 지나면 책의 주제 정도만 기억나고 그 논지나 근거는 기억하기 쉽지 않다. 이때 서평을 읽어보면 책 내용을 더 잘 이해할 수 있다. 서평만 봐도 그 책을 다시 읽은 것과 같은 효과를 준다. '밑줄 정리본'보다 효과가 있다.

서평의 또 다른 장점은 다른 사람에게 보여주고 말하기가 좋다는 점이다. 책을 읽고 다른 사람에게 그 내용을 설명해야 하는 일이 생긴다. 특히 교수라는 직업상 학생들에게 책 내용을 소개할 일이 잦았다. 이때 말로만 소개하는 것보다 서평을 보여주는 게 훨씬 더 효과적이었다.

책을 읽고 나서 바로 이야기한다면 괜찮지만, 시간이 좀 지나면 아무래도 책의 세부 내용은 잊어버리기 마련이다. 이때 써둔 서평을 보면 언제든지 방금 책을 읽은 것처럼 이야기할 수 있다. 그렇다고 무조건 서평을 쓴다고 해서 도움이 되는 건 아니다. 쓰고 싶지 않은데 억지로 서평을 쓰거나 감동도 없었던 책의 서평을 쓰는 일은 고역이다. 하지만 읽고 좋았던 책에 관해 쓰는 서평은 큰 도움이 된다. 그래서 내가 써놓은 서평들은 지금도 유용하다. 서평은 나중에 다시 읽으면 책 1권을 읽는 효과를 낼 수 있다. 책을 읽었을 때의 감정과 놀라움, 신선함 등을 그대로 다시 느낄 수 있다.

그런데 지금은 서평을 쓰지 않는다. 마지막 서평을 쓴 지 5년이 넘었다. 서평이 더 이상 의미가 없기 때문이 아니다. 지금도 서평 쓰기는 좋다고 생각한다. 그러면 왜 나는 서평을 쓰지 않을까. 이유는 단순하다. 서평 쓰기가 쉽지 않기 때문이다. B5 2페이지 분량의 서평은 A4 1페이지 조금 넘는 양이다. 많은 분량은 아닌데 이 정도 쓰려면 시간과 에너지를 꽤 들여야 한다.

나는 책을 쓸 때 한 꼭지를 보통 A4 2페이지 분량으로 쓰는 편이다. 그런데 책 원고 한 꼭지를 쓰는 것보다 서평 한 꼭지를 쓰는 게 훨씬 힘들다. 분량은 적지만 시간은 더 걸린다. 몇십 권의 서평을 정리하는 시간이면 책 1권을 쓸 수 있다.

서평 쓰기는 책 내용을 온전히 자기 것으로 만드는 방법이다. 읽는 순간만이 아니라 이후로도 그 책의 내용을 언제든 상기하고 이용할 수 있다. 쓸 수만 있다면 서평을 써보자. 본인도 제대로 못하면서 다른 사람에게 추천한다는 게 우습지만, 이전에 내가 썼던 300편의 서평은 지금도 도움이 된다는 사실은 꼭 알려주고 싶다.

꼭 사서 읽어야 할까?
빌려서 읽는 게 나을까?

'책을 꼭 사서 읽어야 할까. 도서관에서 빌려 읽어도 되지 않을까!' 이 문제만큼은 나는 입장이 분명하다. 책은 사서 읽는 게 훨씬 좋다. 구매해서 읽으나 도서관에서 빌려 읽으나 읽는 내용은 같다. 도서관에서 빌린 것은 책이 손상되지 않게 조심해서 읽어야 하고, 직접 산 것은 그러지 않아도 되지만 그건 책의 내용이나 가치와는 상관없는 것이다.

그렇다면 왜 꼭 구매해야 할까. 책을 구매해서 읽는 것의 가장 큰 장점은 그 책을 책꽂이에 꽂아두었을 때 나온다. 도서관에서 빌린 책은 읽고 반납해야 한다. 그러면 나중에 어떤 책을 읽었는지, 그때 어떤 것을 새로 알게 되고 또 느꼈는지 기억하기 힘들다.

책을 구매해서 읽으면 좋았던 책 또는 자극을 많이 받았던 책은 책꽂이에 소장해둘 수 있다. 책꽂이에 꽂힌 책의 제목을 훑어보면 주요 내용이 기억난다. 이건 오랜 시간이 지나도 잊히지 않는다. 설사 주요 내용을 잊었다 해도 책을 꺼내 몇 쪽만 훑어보면 그 내용을 떠올릴 수 있다.

나는 책장 하나에 읽은 책 중에서 좋았던 책 또는 영향을 많이 준 책들을 모아놓았다. 족히 수백 권이 된다. 이 책장을 훑어보기만 해도 수백 개의 이야기가 머리를 스쳐 지나간다. 아무리 좋았다 해도 오래전에 읽은 책은 그 내용이 한두 가지밖에 기억나지 않지만 그게 100권이 꽂혀 있으면 100~200개의 생각이 떠오르는 것이다.

평소에는 떠오르지 않을 생각과 아이디어가 책의 제목을 훑는 것만으로도 머릿속에 떠오르게 된다. 이 책이 없었다고 해보자. 책을 읽고 모두 도서관에 반납했다고 해보자. 그렇다면 과거에 감명받았던 생각들을 다시 상기하고 그 내용을 인식하게 되는 일은 없을 것이다.

좋은 책은 한 번 읽고 끝나는 게 아니다. 그 책을 보관하고 옆에 두면 계속해서 내게 영향을 끼친다. 좋은 책의 진짜 영향력은 책을 읽었을 때 잠깐이 아니라, 이후에도 계속해서 책의 내용을 상기하는 데서 온다.

책의 내용을 쉽게 상기하려면 그 책이 옆에 있어야 한다. 책꽂이에 꽂혀 있어야 한다. 도서관에서 빌리면 읽을 때는 상관없는데 그 후에 내용이 상기되지 않는다. 그러니 책은 구매해야 한다. 어떤 식으로든 영향을 준 책이라면 이후에 옆에 두어야 한다. 그때야말로 책의 효과가 극대화된다. 형편상 책을 도서관에서 빌려야 한다면 어쩔 수 없지만, 그게 아니라면 책은 구매해서 보자.

책 읽기의 현실적 난제들,
그럼에도 계속 읽어야 하는 이유

사람들은 책을 읽으라고 말한다. 책 읽는 게 좋다고도 한다. 어린 자녀에게도 많이 읽으라며 책을 전집으로 사주고, 읽어주기도 한다. 학생들에게도 책을 읽으라고 한다. 이런 걸 보면 사람들은 책에 대해 긍정적인 것처럼 보인다. 실제로 책을 읽지는 않아도 책 읽기를 좋게 생각한다.

그런데 그렇지 않다. 책을 읽으라고 장려하는 건 어디까지나 어릴 때뿐이다. 중·고등학생 때 책을 많이 읽으면 부모가 별로 좋아하지 않는다. 부모가 읽으라고 하는 책은 어디까지나 교과서와 참고서다. 시험에 도움이 되는 책 말고 다른 책을 읽으면 좋아하지 않는다.

대학 때도 그렇다. 취업에 도움이 되는 책은 괜찮지만, 취업과 관계없어 보이는 책을 읽으면 딴짓한다고 말한다. 직장에 들어가서도 매한가지다. 업무와 관련 있는 책을 읽으면 좋은 평가를 받을 수 있지만, 업무와 관계없어 보이는 책을 읽으면 곤란하다. 일에 전념하지 않고 다른 데 신경 쓰는 직원이 된다.

가장 곤란한 경우는 연애나 가정생활을 할 때다. 미팅이나 소개팅 자리에서 책 읽기를 좋아한다고 하면 좋은 인상을 줄지 모른다. 하지만 데이트할 때 (그것도 잠깐 비는 시간에) 책을 읽어보라. 차라리 아무것도 하지 않고 멍하니 있는 건 괜찮아도 상대방이 책 읽는 꼴은 못 본다. 둘이 같이 책을 읽는 건 몰라도 혼자 읽는 건 안 된다. 자기를 두고 혼자 딴짓한다는 비난을 받을 것이다.

가정생활에서도 혼자 책을 읽고 있으면 상대방이 좋아하는 경우는 많지 않다. 책 읽기는 기본적으로 혼자 하는 행위다. 상대방을 내버려 두고 혼자만 즐기는 것으로 생각해서 싫어하는 경우가 많다. 둘이 같이하면 되지 않느냐고 반박할 수 있다. 하지만 다른 취미와 달리 책 읽기는 같이하기 어렵다. 같은 책을 둘이 보는 건 거의 불가능하고 다른 책을 따로 본다고 해도 (억지로 연출하지 않는 이상) 부부나 연인이 함께 책 읽는 풍경을 보기란 현실적이지 않다.

책 읽기는 쉽게 할 수 있는 게 아니다. 주위 사람들의 응원이 필요하다. 응원이라고 해서 책 읽기를 도와주고 독려해주라는 뜻은 아니다. 내버려 두고 방해만 하지 않으면 된다. 혼자 책을 읽고 있어도 뭐라 하지 않고 두는 것 정도의 지원은 필요하다.

그런 지원을 받으려면 책 읽기가 습관이 될 필요가 있다. 책 읽기가 상대방의 습관이라고 인정을 하면 내버려 둘 수 있다. 하지만 어쩌다 책을 읽으면 상대방은 혼자 책 읽는 것을 내버려 두지 않을 것이다. 해야 할 일은 하지 않고 딴짓을 하는 사람으로 취급당한다. 지금 해야 할 일이 있는데 일을 하지 않으려고 핑곗거리를 만들고 있는 것으로 보인다. 저 사람은 계속 책을 보는 사람이라고 인정받아야만 책을 읽어도 터치하지 않게 된다.

돈도 문제다. 다른 취미 활동보다는 책 읽기가 돈이 별로 들어가지 않는 것 같다. 헬스클럽을 다녀도 한 달에 10만 원은 든다. 골프를 치러 다니면 장비만 몇백만 원이 들고 골프 연습장만 해도 한 달에 몇십만 원 든다. 책은 보통 한 권에 2만 원 안쪽이다. 그래서 책 읽기를 취미로 하면 지출이 별로 안 될 것으로 생각한다.

그런데 그렇게 간단하지 않다. 일반 책은 2만 원 안에서 살 수 있지만 조금 읽다 보면 두꺼운 책도 사게 된다. 한 권에 2만 원 넘는 책, 3~4만 원이 넘는 책에도 손을 뻗친다. 이런 책을 한 달에 3~4권만 사도 10만 원이 훌쩍 넘어간다.

책을 매일 읽는 '중독' 단계로 가면 이때부터는 지금 읽지 못하더라도 사놓으려고 한다. 사람들은 책은 항상 살 수 있는 것으로 생각하지만 시간이 지나 절판이 되면 구하기 힘들다. 절판된 1만 원짜리 책을 중고서점에서 5~6만 원에 사야 하는 일은 비일비재하다. 그러니 좋은 책은 지금 읽지 않아도 사놓아야 한다. 책 구매비로 몇십만 원을 지출하는 건 금방이다.

이렇게 책을 읽고 사게 되면 보관 문제가 발생한다. 책은 공간을 잡아먹는다. 책꽂이 한두 개 정도 채울 때까지는 책이 인테리어에 도움을 줄 수 있지만 그걸 넘어서는 순간부터는 공간을 망치는 주범이 된다. 인테리어를 위해서는 책을 버려야 하는데 좋은 책은 버릴 수 없다. 책을 즐기지 않는 사람이라면 이때 인테리어에 우선권을 주고 책을 버리겠지만, 책을 읽고 좋아하는 사람은 인테리어를 포기하고 책을 보관한다. 시간이 지날수록 책은 골칫거리가 된다. 한 권 한 권은 다 소중하지만, 전체 책 무더기는 먼지만 쌓이는 흉물이 된다.

책을 읽다 보면 이런 문제점들이 발생할 것이다. 어떤 취미에서 고수가 되는 건 쉽지 않은 것처럼 책 읽기에서도 고수가 되는 건 쉬운 일이 아니다. 낚시나 등산이나 골프 같은 취미가 고수 단계에 접어들면 집 안에서 갈등 요소가 되는 것처럼 책 읽기도 그렇다. 취미 활동에서 고수가 되려면 다른 것을 포기하고, 깊이 양해를 구하고 때론 타협을 하면서 꾸준히 하는 수밖에 없다. 이런 점에서 책 읽기도 다른 취미 활동과 비슷하다.

다만 책 읽기가 보통의 취미 활동과 다른 점이 있다면 책 읽기에서 고수가 되었을 때 그 자신이 어떻게 변할지 알 수 없다는 점이다. 낚시를 계속하면 낚시를 잘하게 되고 등산을 열심히 하면 등산 고수가 된다. 책을 많이 읽으면? 여기서는 어떤 변화가 일어날지 알 수 없다. 어떤 책을 읽었는지, 그 책 내용을 어떻게 받아들이고 생활에 적용했느냐에 따라 엄청난 가능성이 생긴다. 자기가 원하는 대로, 노력한 대로 변화가 일어날 수 있다. 이 무한한 가능성, 그게 책 읽기의 가장 큰 특징이다.

시간을 투자하는 어떤 행동이든 반드시 그 결과를 얻게 된다. 가능하면 그 결과가 크고 긍정적일수록 좋을 것이다. 책은 분명

노력 대비 그 결과가 크게 나타날 수 있는 활동이다. 책은 우리 삶을 송두리째 바꿀 수 있다. 책을 꾸준히 읽으면 인생이 변한다. 책 읽기는 내가 말할 수 있는 유일한 자기계발법이다.

DoM 012

대학 교수마저 그만두고 파이어족이 된 경영학 박사의
부를 부르는 50억 독서법

초판 1쇄 발행 | 2022년 9월 20일
초판 3쇄 발행 | 2023년 9월 11일

지은이 최성락
펴낸이 최만규
펴낸곳 월요일의꿈
출판등록 제25100-2020-000035호
연락처 010-3061-4655
이메일 dom@mondaydream.co.kr

ISBN 979-11-92044-13-2 (03320)
ⓒ 최성락, 2022

'월요일의꿈'은 일상에 지쳐 마음의 여유를 잃은 이들에게 일상의 의미와 희망을 되새기고 싶다는 마음으로 지은 이름입니다. 월요일의꿈의 로고인 '도도한 느림보'는 세상의 속도가 아닌 나만의 속도로 하루하루를 당당하게, 도도하게 살아가는 것도 괜찮다는 뜻을 담았습니다.

"조금 느리면 어떤가요? 나에게 맞는 속도라면, 세상에 작은 행복을 선물하는 방향이라면 그게 일상의 의미이자 행복이 아닐까요?" 이런 마음을 담은 알찬 내용의 원고를 기다리고 있습니다. 기획 의도와 간단한 개요를 연락처와 함께 dom@mondaydream.co.kr로 보내주시기 바랍니다.